KB121727

아침저널, 박경수입니다

생방송 라디오 시사프로그램

〈박경수의 아침저널〉 생생 코멘터리

아침저널,
박경수입니다

박경수 지음

2022년 대통령선거와 지방선거를 되짚는

치열한 정치 인터뷰 아카이브

읽고쓰기연구소

청취자 여러분, 안녕하세요! 박경수입니다

언론인에게는 재직 당시의 취재나 담론 등을 담은 저서를 최소한 한 권 이상 써야 한다는 불문율이 있습니다. 저 역시도 30년 가까이 방송기자로 활동하면서 그 부담이 적지 않았습니다. 주변 지인들의 요청도 있었지만 후배 기자가 자신이 쓴 책을 보내오는 날이면 부러움을 넘어 부끄럽기까지 했지요. 무언의 압력이 만만치 않았다는 의미인데요.

더군다나 저는 만 4년간 아침 시사프로그램을 진행했으니, 그동안 얼마나 많은 일들이 있었겠어요? 하루하루 콘티를 모아본다면 정치·경제·사회·문화의 격변과 굴곡이 고스란히 그려질 겁니다. 매일 새벽 눈 비비고 일어나 정신없이 아침방송을 마치고 나면 콩나물해장국 한 그릇에 허기를 채우면서 늘 뭔가 한번 정리를 해야 한다는 필요성을 느껴왔죠. 그런데 현직에 있으면서 글을 쓰기가 쉽지 않더군요. 춘천에서 지방 근무하면서 책을 써보려고 했던 적도 있었는데, 지방 생활도 생각만큼 여유롭지는 않더라고요. 서울로 돌아와 또다시 아침방송을 하게 되니 여유가 더 없어졌지요. 하지만 내 스스로도 예상치 못했던 '조기 퇴직'이 뜻밖의 계기가 됐어요. 다들 회사를 그만두면 미래에 대한 불안과 걱정을 호소하는데, 저는 피로와 스트레스로 인해 축난 건강을 회복하면서 오히려 새로운 삶의 동력을 얻게 됐지요. 그게 펜을 잡게 되는 계기가 됐습니다. 과거의 기억은 물론이고 페이스북 등 SNS와 타 언론의 보도가 큰 힘이 됐고요. 그런데 타 언론의 인용 보도가 너무 많다 보니 정작 내가 참고하고픈 인터뷰 내용을 찾느라고 꽤나 땀을 흘린 여름이었답니다.

책 제목을 '아침저널, 박경수입니다'로 정한 것은 제가 애정을 쏟은 BBS 시사프로그램인 〈박경수의 아침저널〉의 정치 인터뷰가 중심인 데다 그 생방송 프로그램이 제 인생 여정에 주요 이정표가 되고 있기 때문이에요. 2013년 3월부터 2014년 10월까지 만 20개월 동안 처음 아침방송을 진행했는데 저는 그걸 '시즌Ⅰ'이라고 불러요. 기자생활 20년 만에 처음 아침방송을 진행하면서 그간 취재 현장에서 깨닫지 못했던 새로운 사회적 시각을 갖게 되었다고 할 수 있습니다. 사실 기자들은 자기가 맡은 분야에만 집중하며 취재하고 기사를 쓰게 되는데, 시사프로그램은 균형 잡힌 시각 속에서 여론의 흐름을 반영하고 쟁점 현안의 본질과 함께 해결 방안까지 생각해야 하거든요. 자연스레 공익公益에 대한 생각이 커지게 됐어요. 두 번째로 아침에 마이크를 잡게 된 건 2020년 5월부터 2022년 6월까지인데, '시즌Ⅱ'라고 불러요. 보도국장의 위치에서 앵커를 맡게 된 만큼 가장 성숙한 시기로 생각하죠. 그동안 쌓아온 저널리스트의 냉철하고 따뜻한 시각을 외부 눈치 보지 않고 관철할 수 있었다고 생각해요. 보도국 최고 책임자라는 부담과 스트레스는 만만치 않았지만 말이죠. 그 시즌Ⅰ과 시즌Ⅱ의 지난한 여정을 이 책에 오롯이 담으려 했습니다.

이어 정계·법조계·지방자치 현장의 좋은 분들과의 인연, 방송 기억들을 소환해 실었어요. 다들 아시는 분들이지만 제가 평가하는 부분의 새로운 얘기들이 많아 재밌게 읽으실 수 있을 것 같아요. 제가 존경하는 유은혜 전 교육부총리로 시작해서 숙부님인 박홍섭 전 마포구청장까지 아홉 분에 대한 이야기입니다.

가장 기억에 남는 인터뷰도 그대로 담았습니다. 1987년 6월 민주항쟁의 불을 댕긴 박종철 열사 고문치사 사건에 대한 인터뷰와 고故 김근태 선생 6주기를 앞두고 고인의 딸 병민 씨와의 전화 인터뷰인데요. 마음으로 이끌었던 방송이기에 이런 기록들이 참 소중하죠.

언론인으로 재직하며 게재해온 칼럼과 기고문 가운데 좋아하는 글들도 골라 실으면서 그 현재적 의미와 제 생각의 일단을 덧붙였네요. 과거 제가 쓴 글들을 다시 읽어보니 당시의 상황과 내 판단에 대해 여러 생각이 들더군요. 그래서 끝으로 전직 언론인의 입장에서 최근 언론의 상황과 과제에 대한 글을 썼답니다. 「가짜뉴스와 언론의 자유」. 이제는 방송에 담을 수는 없지만 꼭 해야만 하는 얘기가 담긴 제 책의 결론이에요.

방송의 시작과 마무리까지의 여정에 이어서 아침방송이 어떻게 준비되고 만들어지는지를 보여드리고 싶었어요. 세상에 혼자 할 수 있는 일은 없잖아요. 청취자들은 아침 시사프로그램을 집에서 혹은 자동차에서 출근길 어딘가에서 듣게 되지만, 그 생방송 과정의 긴박함과 치열함을 체감하기는 쉽지 않지요. 시즌 I 의 메인작가였던 김세희 작가가 당시 스튜디오 밖에서 바라본 〈박경수의 아침저널〉을 스케치하듯 그렸어요. 저도 몰랐던 감성이 담겨 있어 흥미롭고 고맙더라구요. 여기에 고정 출연자의 시각도 실었어요. 시즌II 문화 패널로 함께했던 이정수 전 서울도서관장이 출연자의 시각을 담았고요. 시사프로그램의 백미는 역시 정치인데, 정치 패널로 함께 했던 김홍국 전 경기도 대변인이 방송에 대한 평가는 물론 저에 대한 기대까지 담아주셨네요.

유난히 더웠던 올 여름과 가을, 책을 써내려가면서 과거 여러 기억들이 떠올랐어요. 방송 당시의 보람과 회한이 교차한 것인데요. 그 속에서 무엇보다 '언론의 자유'가 위축돼서는 안 된다는 신념이 더 커지더라고요. 그것은 걱정이 많아지기 때문인데, 최근 가짜뉴스에 대한 당국의 발언을 보면 기우가 아닌 거 같아요. 국경없는기자회(RSF)도 올해 우리나라의 언론자유지수를 4계단 낮췄다고 하는데, 근심이 커지네요. 아무쪼록 전직 언론인, 전 시사프로그램 진행자의 모자란 글이지만 보다 건강한 언론을 생각해보는 조그만 계기가 된다면 더이상 바람이 없겠어요.

오프닝이 좀 길었는데요. 이제 '아침저널, 박경수입니다' 시작해볼까요?

2023년 5월

마포 현석동에서

차례

오프닝_청취자 여러분, 안녕하세요! 박경수입니다 005

1부 아침의 눈

춘천 좌천 015
크리스마스의 조계사 농성 017
'유사보도'란 무엇인가 020
봄내골에서의 2년 024
국립현충원에 안장된 두 분의 위패 030

2부 다시 아침의 마음으로

시즌 II 비긴 어게인Begin Again 037
지성의 세계에 한 걸음 더 043
박원순 서울시장과의 마지막 인터뷰 047
더불어민주당 서울시장 경선토론회와 뉴스메이커 051
국민의힘 경선을 가른 오세훈 후보 인터뷰 059
힘내라, 시즌 II 068
29년간의 언론인 생활을 마감하며 070

3부 아침의 인물들

유은혜 김근태재단 이사장 081
우상호 국회의원 086
고故 노무현 전 대통령 093
배금자 변호사 101
강일원 전 헌법재판관 106

배종찬 여론조사 전문가 113
성한용 한겨레신문 선임기자 116
박지원 전 국정원장 119
박홍섭 전 마포구청장 126

4부 여명의 인터뷰

박종철 열사 31주기를 앞두고_최환 변호사(전 서울지검 공안부장) 135
고故 김근태 선생을 추모하며_고인의 딸 병민 씨 146

5부 새벽의 글모음

한·베트남 양국 동질감 가슴에 새겨 159
첫걸음을 내디딘 법조 취재 200일 164
가을의 화두, 유러피언 드림European Dream 169
트위터와 사찰査察 172
김훈 선생과 잠두봉蠶頭峯의 눈물 175
"어둠은 빛을 이길 수 없다." 179
닉슨과 트럼프 그리고 한반도 183
금강산金剛山의 추억 187
가짜뉴스와 언론의 자유 191

클로징_이제 '새로운 길'에서 만나요! 196

부록: 뒤풀이 조찬 회동

〈박경수의 아침저널〉, 이렇게 만들어졌다_김세희 201
시사와 문화의 콜라보레이션, 〈박경수의 아침저널〉이니까!_이정수 216
부드러운 소통의 조정력 '박경수 리더십'이 필요한 때_김홍국 220

1부

아침의 눈

〈박경수의 아침저널〉 시즌I (2013~2014) 이야기

제가 어쩌다 아침부터 마이크 앞에 앉게 되었을까요?
아침형 인간도 아닌데!
여러분께 제가 BBS 라디오 〈박경수의 아침저널〉
앵커가 된 사연을 들려드리려고 마련한 순서인데
'크리스마스 조계사 농성'의 분기점이 된
인터뷰의 사회적 파장,
그로 인한 '유사보도 논란' 등 각종 고초와
지방 좌천 이야기까지 하게 되었습니다.

춘천 좌천

2015년 11월 10일 오전. 춘천은 서울과 달리 이른 겨울을 맞고 있었다. 춘천역 앞 미군부대는 이미 철거돼 흙바람만 날리는 휑한 공터가 돼 있었고 열차에서 내린 군인과 학생들을 태우려는 지방 택시만이 바람을 막아서며 서너 대 늘어서 있었다. 봉의산 자락에 걸쳐 있는 강원도청 건물이 아득하게 다가왔다.

춘천역에 도착하던 첫날의 표정들이 지금도 기억에 꽤 선명히 남아 있다. 아마도 당시 어두운 현실 때문이었을 텐데, 불현듯 밀려왔던 회한도 기억에 각인돼 있다.

내가 난생처음 시사프로그램을 진행하게 된 것은 2013년 3월. 박근혜 정권 출범과 함께였다. 당시 사장은 어려운 회사 경영 상황을 반전시키기 위해 라디오 프로그램 진행자의 상당수를 외부인사에서 사내인사로 바꿔가고 있었다. 비용 절감 차원이었다. 그러한 경영 기조에서 보도국 프로그램도 예외는 아니었고, 전년도 대선 취재를 주도했던 정치외교부장으로서 회사를 위해 고생을 해야 하는 것은 어쩌면 당연했다. 그 직전 진행자인 유명 시사평론가가 2012년 대선 과정에서 박근혜 후보를 돋보이게 하는 책을 써 청취자 사은품으로 나눠 주는 등 방송 중립 논란을 불러왔다는 문제도 있었다. 솔직히 정치 데스크로서 그 부분에 대해 당시 아무런 문제 제기를 하지 못했던 것은 부끄러운 일이 아닐 수 없다. 〈박경수의 아침저널〉이 형식과 내용 모두에서 정치적 균형을 유지하는 게 절실했던 이유다. 힘겨웠지만 아마추어 진행자의 새로운 방송은 서서히 틀을 갖추며 세간의 관심을 끌기 시작했다. 그 관심만큼 정권으로부터 미운털도 박히기 시작했던 듯싶다. 그해 겨울, 방송 시작 10개월 만에 경고를 받기에 이르렀다. 그것도 크리스마스에 말이다.

2015년 겨울 춘천역 표정

크리스마스의 조계사 농성

대부분의 지상파 라디오 방송사들은 미리 아침 프로그램을 녹음해놓고 제작진 모두가 쉬는 휴일이었지만 나는 생방송을 고집했다. 여론 피드백의 묘미를 느껴가고 있기도 했고 당시 긴장된 정국이 방송을 사전 녹음 해놓을 만큼 녹록치 않았던 것도 사실이다. 훗날 촛불혁명 이후 특검의 수사를 통해서도 드러났듯이 김기춘 청와대 비서실장 취임 이후 박근혜 정권의 폭압적 국정운영이 한층 강화되고 있던 시절이었다.

성탄절 1부 인터뷰 대상은 불교계 인사로, 조계종 총무원 사회부장 보화 스님이 출연했다. 크리스마스인 만큼 종교간 화합이 인터뷰 주제였지만, 전날 밤 조계사에 숨어든 철도노조 지도부에 대한 질문이 핵심이었다. 인터뷰 말미에 그 질문을 하기로 사전에 조율이 된 상태였다. 지극히 상식적인 답변이 나왔다. "절에 날짐승이 들어와도 그냥 못 내보내는데, 어려운 사람들을 어떻게 내보내느냐!" 확인 차 두 번이나 물었는데 똑같은 답이었다. 노조지도부에 대한 불교계의 보호 입장이 방송을 통해 천명된 순간이었다.

방송이 끝나자마자 일찌감치 귀가해 잠이 들었다. 전날 사장이 주재하는 간부 송년회에서 술 몇 잔을 받아 마신 영향이 컸다. 저녁이 다 되어서야 일어났는데, 핸드폰에 문자가 쇄도해 있었다. 걱정 반 기대 반으로 문자를 열어보았다. 철도노조 간부들의 조계사 농성이 그날 아침 생방송 인터뷰를 계기로 새로운 국면을 맞고 있는 것이었다. 국내 언론은 물론 외신에까지 인용될 정도로 파급력이 컸고, 조계사는 제2의 명동성당으로 부상하고 있었다. 실제 12월 25일 한겨레신문 기사 제목은 「철도노조 품은 조계사, '제2의 명동성당' 되나」였다.* 당시 기사는 이렇다.

> 성탄절인 25일, 박태만 철도노조 수석부위원장과 조합원 등 파업 중인 철도노조 관계자 4명이 머무르고 있는 서울 종로구 조계사에 지지의 손길이 이어지고 있다. 경찰은 검문검색을 강화하고 있지만, 조계사 경내로 진입하지 못하고 있는 상태다. 조계사 쪽은 "이들을 보호하겠다"는 뜻을 밝혔다. (중략) 조계종 사회부장인 보화 스님은 이날 오전 불교방송 라디오 〈박경수의

* https://www.hani.co.kr/arti/society/society_general/616972.html
철도노조 품은 조계사, '제2의 명동성당' 되나(한겨레신문 2013-12-25)

아침저널>에 출연해 "철도노조 지도부 중에서 일부가 어제 조계사에 들어왔는데, 궁지에 몰린 약자를 일단 보호해야 한다는 게 기본적인 생각"이라고 말했다. 그는 "사용자와 노동자 사이의 갈등이 극대화했을 때 정치권이나 정부에서 충분한 조정을 하지 못해 이 추운 날씨에 이런 상황을 맞이해야 하는가에 대해선 안타깝기 짝이 없다"라고 말했다.

인권단체인 국제앰네스티도 전날 성명을 내어 "(한국 정부가) 민주노총에 경찰력을 투입하면서 국제인권기준 및 노동기준을 위반하고 있다. 당국은 부당한 경찰력 투입과 노동조합 활동가들에 대한 체포를 중단하고, 파업하고 있는 노동자들의 권리를 존중하라"고 밝혔다. (후략) [송호균 기자]

밤늦게까지 이어진 핸드폰 수신 문자 가운데 성한용 한겨레신문 선임기자의 문자가 가장 기억에 남는다. "모든 언론 기사가 경수 씨 방송 기사네, 유명해졌어." 하지만 좋아할 수만은 없었다. 전날 송년회 때 나를 바라보는 사장의 표정이 유독 밝지 않았던 기억이 내내 머릿속을 맴돌고 있었다.

'유사보도'란 무엇인가

방송통신위원회는 며칠 뒤 이른바 '유사보도' 실태조사 결과를 내놨다. 누가 봐도 어수선한 연말에 발표하기에는 무거운 테마였다. 물론 이경재 방통위원장이 자주 언급해온 주제이긴 했지만 송구영신送舊迎新 분위기와는 어울리지 않았다. 특히 구체적인 프로그램 이름까지 거론됐는데, 거기에는 우리 프로그램도 포함됐다. 크리스마스 조계사 인터뷰의 영향이었을 것이다. 당시 언론들은 비판적인 언론을 길들이려는 방통위의 불순한 의도라고 지적했다. 종합편성채널의 보도 기능 강화를 위한 추가 특혜라는 주장도 나왔다. 정권의 노골적인 경고였던 셈이다.* 경향신문 한 논설위원의 칼럼은 당시 언론의 시각을 보여주고 있다.

* http://www.khan.co.kr/opinion/yeojeok/article/201401012044195 [여적] '유사보도' (경향신문 2014-01-01)

[여적] '유사보도'

경향신문, 신동호 논설위원, 2014-01-01

〈김현정의 뉴스쇼〉(CBS), 〈박경수의 아침저널〉(BBS), 〈뉴스와 세상〉(PBC), 〈뉴스타파〉(RTV), 〈오미영의 시사전망대〉(TBS)…. 이들 방송 프로그램의 공통점은 무엇일까. 해당 방송사의 간판급 시사 프로그램으로서 비판 기능을 띠고 있다는 점일 터이다. 하지만 방송통신위원회(방통위)의 대답은 다르다. '유사보도 프로그램'이다. 이들을 비롯한 다수의 방송채널사용사업자(PP)와 종합유선방송(SO) 지역채널에서 법을 위반해 정치·경제·사회 등 각 부문의 갈등 상황을 보도·논평하면서 특히 선거에 영향을 미칠 수 있는 내용을 방송했다는 게 지난달 30일 방통위의 발표다.

(중략)

제도적으로 '유사'라는 말은 종교에서 처음 등장한다. 1915년 조선총독부가 발표한 포교규칙에서 일본의 신도(神道)와 불교·기독교만 종교로 인정하고 나머지를 종교유사단체로 규정한 것이 시초라고 한다. 천도교·대종교 등의 민족운동을 탄압하려는 일제의 의도가 엿보이는 조치였다. 실제로 일제는 이들 '유사종교'에 대해서는 학무국 종교과가 아닌 경무국 관할에 두고 감시를 강화했다.

어수선한 연말에 방통위가 느닷없이 유사보도 문제를 제기한

의도가 궁금하다. "법과 현실의 불일치를 해결하기 위해서"라는 게 방통위의 변이지만 언론과 누리꾼은 의심의 눈초리를 곧추세우고 있다. (후략)

당사자로서 나는 가시방석에 앉은 듯 불편했다. 앞으로 어떤 기조로 방송을 이끌어가야 할지 고민이 깊었다. 특히 방송국 전체에 해가 되지 않을까 걱정이 컸다. BBS가 사회 쟁점의 한복판에서 버텨낼 만큼 역사와 역량을 갖추지 못했기에 더 그랬다. 방송에서 조용히 하차할 시점이 고민되었다. 당시 사장은 '유사보도' 논란을 키우지 말았으면 한다는 바람을 전해왔다. 이때부터 경영진에서 진행자 교체 논의가 시작된 것 같다. 그전부터라고 귀띔해준 이도 있긴 했지만 청취자들의 격려 문자와 관심이 버틸 힘을 주었다. 야당 중진 의원이 SNS에 격려하는 글을 올려주기도 했다. 논란이 커질수록 프로그램의 영향력도 커지고 있었다.

이경재 방통위원장은 임기를 채우지 못하고 이듬해 곧바로 교체됐다. 구체적인 이유는 거론되지 않았고 짐작만 할 뿐이었다. 그럼에도 나는 4월 세월호 참사와 6월 지방선거를 관통하며 만 20개월(시즌1: 2013. 3.~2014. 10.) 동안 마이크를 계속 잡을 수 있었다. 두 시간 편성이 한 시간으로 줄어드는 수모는 감내해야 했다. 그나마 사장이 힘겹게 배려해준 덕이었을 것이다. 당시 사장이 내 거취 문제에 대해 어려움을 토로했다는 얘기를 훗날 듣게 됐다. 강릉MBC 사장을 했던 분인데, 그의 성실함과 강직함이 기억에 남는다. 그런 분이 사장 재임에 실패한 건 어쩌면 나 때문이었을까? 2015년 11월, 춘천 가는 기차 속에서 여러 생각이 머릿속을 맴돌았다.

박경수 앵커(2013년 12월)

봄내골에서의 2년

신임 사장이 인사를 단행한 것은 2015년 11월 1일의 일로, 취임 한 달도 채 안 된 시점이었다. 내가 좌천될 것은 이미 짐작하고 있었지만 지방 발령까지 예상치는 못했다. 신임 사장이 사내 인사여서 그 행보를 가늠하기가 어렵지 않다고 여겼는데 그 속도감과 과감함에 사뭇 놀랐다. 특히 내게 지방 발령을 통보하면서 했던 얘기는 잊기 어려운데, 나는 정치적 인사 발령으로 확신했다. 나름대로 일주일을 버티다 11월 10일, 춘천 가는 기차에 몸을 맡길 수밖에 없었다.

BBS 춘천 지방사는 봉의산 자락에 걸쳐있는 강원도청 바로 앞에 위치해 있었다. 지정학적으로 강원도의 중심이나 진배없었다. 근무인력은 몇 명 되지 않았지만 사무실과 스튜디오는 쾌적했고 서울의 영향력이 별로 미치지 않는 듯 보였다. 내 역할은 기자로서 춘천시청을 출입하면서 아침 로컬방송 시간(8:30~9:00) 프로그램을 진행하는 것이었다. 녹음 방송이어서 힘도 덜 들었다. 춘천의 총괄국장은 방송 내용에는 큰 관심이 없었고 지방사 재정문제에 골몰해 있었다. 다행이라고 생각하며 내 마음껏 콘티를 짜면서 춘천春川의 매력에 빠져들었다.

과거 '봄내골'로 불리던 춘천의 역사를 로컬 방송에 담기 시작했다. 우연히 만난 향토사학자 권혁진 박사가 한몫을 했다. 권 박사는 춘천에서 만난 귀인이다. 자신의 승용차로 역사 유적지를 직접 답사까지 시켜주는 배려에 방송 내용이 더 풍성해질 수 있었다. 그러는 가운데 매월당 김시습이 인근 청평사清平寺에서 지냈다는 사실을 알게 됐고, 그의 일화는 나를 돌아보게 했다.

김시습은 1453년 계유정난 당시 세조의 왕권찬탈에 반발한 생육신生六臣의 한 분이다. 지조를 잃지 않고 권세를 등진 분이다. 우리 선조인 청재공清齋公 박심문朴審問과 같은 시대를 사셨다는 생각에 더욱 친근한 느낌이 들었다.* 수양대군의 쿠데타에 반발해 곡기를 끊고 저항하다 세상을 떠나신 청재공 어르신은 단종 복위운동에 나섰던 사육신死六臣에 더해 사칠신死七臣으로 불리며 추앙받는다. 단종의 묘, 장릉莊陵이 있는 영월의 창절사彰節祠에 청재공의 위패가 모셔져 있다. 조선 말기에나 와서야 충정공忠貞公이라는 시호가 내려졌다. 곧을 '정貞' 자가 인상적이다. 스스로 목숨을 끊은 절개를 기리는 뜻이 이 한자

* 3부 「박지원 전 국정원장」 119~120쪽.

에 담긴 듯하다. 당시 청재공의 두 아들은 경북 예천과 전남 진도로 각기 유배됐다고 하는데, 진도와 예천에는 지금도 밀양 박씨 청재공파 우리 종친들이 계신다.

서울로 복귀하기 전에 권 박사와 함께 청평사와 창절사를 찾았다. 매월당과 청재공 어르신의 발자취를 따라 밟으며 봄내골에서의 2년이 헛되지 않았다는 생각을 했는데, 2017년 5월 26일 강원일보에 당시 내 방송 내용과 생각이 담긴 기고문 「문화단상: 춘천이 변했다」가 남아 있다.* 마음은 편치 않았지만 뜻밖에 유익했던 그 시절을 떠올리게 하는 글이다.

참, 춘천 얘기에 빼놓을 수 없는 게 있다. 데일리 로컬 프로그램 이름이 〈강원의 아침〉이었는데, 앵커를 맡은 지 6개월도 채 안 돼 지역광고가 들어오면서 평균 2분 이상 광고가 유지됐던 거다. 춘천 지방사 직원들은 의아하게 생각했다. 유례가 없는 일이어서 그랬다고 한 직원은 귀띔해줬다. 지역광고는 꽤 재밌어서 귀에 붙는데, 약국과 닭갈비 광고가 이채로웠다. "서울 생활을 접고 춘천에서 살면 어떠냐?" 총괄국장의 제안을 미뤄보면 당시 지방사 재정에 어느 정도 보탬이 된 거 같아서 뿌듯하다. 내가 서울로 복귀한 뒤에도 그 지역광고가 유지되

* http://www.kwnews.co.kr/nview.asp?s=1101&aid=217052500000
[문화단상] 춘천이 변했다 (강원일보 2017-05-26)

청평사(춘천)

창절사(영월)

는지 한동안 궁금했던 기억이 있다.

강원일보 [문화단상] 춘천이 변했다

춘천BBS 박경수 방송부장, 2017-05-26

보수의 아성처럼 비치는 게 이상했다. 휴전선과 가까운 데다 어르신이 많아서 그렇다는 주변분들 얘기에 나도 모르게 고개를 끄덕였다. 지천명을 앞둔 2015년 11월, 내게 다가온 춘천의 첫 표정은 그랬다. 지방에서 숨죽여 지내야 하는 게 숙명이었지만, 어둠이 깊어질수록 샛별이 빛나듯이 억눌림이 커질수록 기자의 본능은 살아났다.

춘천의 역사가 궁금해졌다. '역사는 과거와 현재의 대화'라 하지 않던가. 현재를 알기 위해 과거를 뒤적였다. 뿌리가 깊고 깊다는 걸 하나하나 찾아가며 방송에 담았다. 특히 조선이 기울며 일제의 침략이 노골화되던 19세기 봄내골은 그저 유유자적한 시골 마을이 아니었다. 구한말 유학자들의 거병이 잇따랐음을 알게 됐다. 의암 류인석은 의병 대통령으로 불릴 만큼 대단한 투쟁가였다. 백범 김구 선생이 광복 후 귀국한 뒤 가정리에 있는 의암의 묘를 직접 찾았을 정도다. 의암의 제자인 습재 이소응도 그에 못지않았다. 단발한 친일파 관료의 목을 벨 만큼 의기를 갖춘 위인이었다. 친일파들의 간담을 서늘케 한 그는 강촌에서 태어났다. 그에 앞서 30대에 구국상소문으로 참형을 당한 홍재학도 춘천 출신이다. 남춘천에서 가까운 국사봉은 고종이 승하하자 김영하 선생 등이 제사를 지낸 곳으로 항일의 중심부로 자리매김됐다. 학생들의 저항도 이어졌는데, 상록회 사건이 대표적이다. 춘천고 학생들이 봉의산에서 비밀리에 만나며 항일 투쟁을 준비하다 대거 검거된 이 사건으로 무려 137명이 옥고를 치렀다고 한다. 춘천고 담장에 있는 〈겨울연가〉 포스터 못지않게 교정에 세워져 있는 기념탑의 의미가 자못 크다. 박정희 대통령의 친필 휘호가 순수성에 상처를 주지만, 상록회 정신은 그것을 덮고도 남을 만큼 역사적 가치가 크다. 발길 닿는 곳마다 이처럼 불의에 맞선 족적이 곳곳에 남아 있었다.

지난해 4월 총선은 변화의 예고편에 불과했다. 막상 뚜껑을 열고 보니 1, 2위간 표차는 예상만큼 크지 않았다. 선거를 전후해 인터넷에 회자된 '춘천스럽다'는 말이 시민들에게 어쩌면 치욕이었을지 모른다. 지난해 12월 촛불집회에는 적어도 1만 명 이상이 참여한 것으로 집계됐다. 춘천시민은 아직 30만 명이 못 된다. 상상하기 힘든 횃불에 전국이 놀랐다. 그리고 대선 결과 춘천에서도 야당 대선후보가 이겼다. 사상 처음이었다. 지역구 국회의원만이 그 변화를 감지하지 못한 채 국민참여재판을 신청했다.

강원도 원주와 강릉에는 있는데 춘천에 없는 게 있다. 바로 '평화의 소녀상'이다. 위안부 할머니들의 눈물로 점철된 우리의 아픈 역사다. 지난해 추진하다 중단됐다고 하던데 다시금 추진되고 있다. 나는 시민들이 함께하는 성공적인 제막을 확신한다. 이미 변화의 궤도에 접어들었기에 그렇다. 2017년 5월의 춘천은 내가 첫발을 디뎠던 그 보수의 아성이 아니다. 휴전선과 가까워 남북문제에 천착하고 어르신이 많아 향토사에 깊이를 더해가는, 그래서 운치 있고 고풍스럽지만 끊임없이 변화하는 춘천에 대한 기대. 그 기대와 함께 내 고향 마포로 돌아갈 날이 가까워서 그런지 요즘은 마냥 즐겁다.

국립현충원에 함께 안장된 두 분의 위패

2017년 9월. 외삼촌을 동작동 국립묘지에 모시면서 춘천 생활을 뜻깊게 마무리하게 되었다. 한국전쟁 당시 전사한 외삼촌의 위패를 65년 만에 국립현충원에 안장하게 된 계기는 그해 현충일, TV를 통해 추념식을 보시던 팔순의 어머니가 "국립현충원 어딘가에 묻혀 있을 오빠를 뵈러 가고 싶다"고 하신데서 비롯됐다. 하지만 이리저리 백방으로 알아봐도 외삼촌의 묘는 없었다. 국방부가 과거 전사기록을 확인해주고, 춘천 소양강 주민센터에서 외가의 자료들을 공들여 찾아줬다. 아마도 당시 어려운 살림살이의 외가는 자손 없이 세상을 떠난 외삼촌을 건사할 만큼의 여유는 없었던 듯하다. 외할머니가 아들의 비보에 충격을 받아 일찍 돌아가셨다고 하니, 6·25의 아픔은 묻어버리고 싶은 망각의 상처가 아니었을까 싶기도 했다. 국방부에서는 대전현충원에 묘지를 조성해줄 수 있다고 했다. 위패라면 서울현충원에 안장할 수 있다고도 했다. 결국 어머니의 바람대로 마포에서 가까운 동작동 서울 국립현충원에 위패가 모셔졌다.

정부 주관의 위패 안장식은 9월 4일 월요일에 열렸다. 문재인 정부 첫 위패 안장식이었다. 내가 서울로 복귀한 지 20일 만이었다. 보도국 회의를 마치고 가보니 안장식은 이미 끝나 있었고 위패만 확인할 수 있었다. "故 최성준 이등중사. 1952년 10월 백마고지 전사." 무려 1만4천 명에 달하는 젊은이가 희생된 철원 백마고지에서 스물두 살 외삼촌도 세상을 떠났고 그로부터 무려 65년 만에 국립묘지에 모셔졌다. 바뀐 것은 병장 계급장이 이등중사가 된 것뿐이었다.

그날 함께 위패가 안장된 애국지사 가운데 스님이 계셨다. 일제에 맞서 독립운동을 벌이다 붙잡혀 옥고를 치르다 청주 교도소에서 돌아가신 백초월 스님. 1944년에 해방을 미처 보지 못하고 세상을 떠나셨는데 일본 경찰에 붙잡히기 전 스님이 숨겨 둔 독립운동 사료가 지난 2009년 북한산 기슭의 천년 고찰 진관사 칠성각에서 발견되었다. 스님이 독립운동 사료를 태극기로 싸서 숨겨놓았는데 삼일절이면 등장하는 진관사 태극기가 바로 이 태극기다. 한국전쟁 당시 폭격으로 절 대부분이 소실됐지만 칠성각 등 전각 세 개는 불타지 않았던 것이다. 초월 스님의 위패도 순국 73년 만에 국립현충원에 모셔졌다. 우리 외삼촌과 함께…. 2017년 9월 4일 BBS TV 뉴스에 그날의 기록이 간직돼 있다. TV 영상 속에 진관사 회주 계호 스님과 어머니 최정순 여사의 모습이 담겼다.

BBS "백초월 스님 위패, 국립현충원 가다" (2017-09-04)

일제 강점기에 불교계 독립운동을 이끌었던 백초월 스님의 일대기가 최근 재조명되고 있는데요. 호국영령들이 잠들어 있는 국립 서울현충원에 백초월 스님의 위패가 봉안돼 스님의 항일 정신이 역사적으로 재평가되는 계기가 될 전망입니다. 류기완 기자가 보도합니다.

지난 2009년 서울 진관사 칠성각 해체 복원 과정에서 항일독립운동 당시 실제로 사용된 태극기가 발견돼 화제가 됐습니다. 이 태극기를 진관사에 숨긴 인물이 바로 일제에 맞서 독립운동에 헌신했던 백초월 스님입니다. 스님은 당시 진관사를 거점으로 젊은 스님들과 함께 '일심회'라는 항일 비밀결사대를 조직해 불교계 독립운동을 이끌었습니다. (중략)

호국영령들이 잠들어 있는 국립 서울현충원도 스님의 숭고한 애국정신을 기리고, 이에 따른 예우를 갖추기 위해 위패 봉안식을 봉행했습니다. (중략)

합동 위패봉안식에는 초월 스님을 비롯해 모두 호국영령 50명의 위패가 모셔진 가운데, 유가족들은 현충탑을 참배하고, 위패 봉안관을 둘러보며 조상들의 넋을 기렸습니다. (후략)

군에 입대하기 전에 외삼촌은 아현동에 사셨다고 한다. 초월 스님은 진관사 마포포교당(現 마포 극락암 자리)에서 독립자금을 모았다고 했다. 어쩌면 외삼촌이 외할머니 손을 잡고 진관사 마포포교당을 찾지는 않았을까? 두 분이 삼개나루('마포나루터'의 옛 이름) 어느 곳에서든 옷깃이 스치지 않았을까? 동작동 국립현충원을 참배할 때면, 언제나 그 인연의 깊이를 생각해보게 된다.

백마고지

진관사에서 초월 스님과 태극기를 배경으로

2부

다시 아침의 마음으로

〈박경수의 아침저널〉 시즌II (2020~2022) 이야기

〈박경수의 아침저널〉 시즌II는 정말 치열했습니다.
가까운 과거라서 더 그렇게 느껴지는 걸까요?
아련한 기억으로 휘발되기 전에 얼른 정리해보았습니다.
2020년 5월 박원순 서울시장에서부터
2021년 더불어민주당 서울시장 경선토론회,
국민의힘 후보 연쇄 인터뷰를 거쳐
2022년 3월 대통령선거, 6월 지방선거에 이르기까지
민주당 이재명 대선후보를 비롯한 주요 인사와의 생방송 인터뷰와
비하인드 스토리를 담았습니다.
29년 언론인 생활을 마무리한 사연도 썼습니다.

시즌II, 비긴 어게인Begin Again

다시 마이크를 잡기까지 5년 6개월이 걸렸다. 서울에 복귀해서도 3년 가까운 시간이 흐른 뒤였다. 새 사장이 취임하고 내가 보도국장이 되고 코로나 바이러스가 전 세계를 강타하던 2020년 초의 일이다.

TV와 라디오 뉴스 총괄 책임자로서 시사프로그램 진행까지 맡는다는 것은 쉽지 않은 결정이었다. 게다가 데일리 프로그램이다. 매일 새벽, 스튜디오에서 하루를 시작한다는 것은 결코 녹록치 않은 일이다. 그럼에도 하루가 다르게 영향력을 잃어가는 중소방송사의 보도 기능을 다시 활성화해야 한다는 책임감이 무엇보다 크게 다가왔다. 거기에 보수 편향의 기존 진행자를 교체하는 데에는 보도국장의 무게감만큼 설득력 있는 게 없었다. 기자들도 모두 앵커를 고사했고, 메이저 방송사 기자 출신의 새 사장도 꽤 오랜 시간 뜸을 들여가며 고심했다. 그렇게 시즌 II (2020. 5.~2022. 6.)가 시작됐다.

시즌 II에 들어가기 전 3년 가까운 시간(2017. 8.~2020. 4.)은

모처럼 여유 있는 시간이었다. 바뀐 정치 지형 때문인지 회사 분위기가 달라져 있었고, 특히 경영진이 과거와 달리 내게 적대적이지 않은 것 같았다. 사회부장으로서 서초동 특검 취재를 지휘할 수 있었고 저녁뉴스 앵커도 맡았다. 차기 국장에 대한 언질도 있었다. 하지만 뉴스를 바라보는 사장의 시각에 근본적인 변화는 없었다. 국면을 전환해 사장직을 재임하려는 미봉책으로 받아들여졌다. 나는 국장 제안을 완곡히 거절했다. 결국 6개월 만에 저녁뉴스 앵커에서 하차하고 보도제작부장으로 TV 종교뉴스를 맡게 됐다. 일반 시사(時事) 영역에서 확실히 멀어진 것이다.

그러던 차에 춘천 발령 전에 입학했던 야간 대학원의 학업에 주력하게 됐다. 이미 2년간 휴학한 상황이어서 더이상 휴학하기도 어려웠다. 대학을 졸업한 지 30년 만에 다시 공부하는 게 낯설고 힘들었지만 취재기자의 경험을 토대로 언론학을 체계적으로 깊이 들여다본 의미 있는 시간이었다. 그간의 서툰 취재와 보도 활동을 미래지향적인 시각에서 새롭게 가다듬는 데 큰 힘이 됐다. 일주일에 두세 번, 지하철을 타고 대학원 수업을 들으러 가는 재미가 쏠쏠했다. 행당동 캠퍼스의 공기는 신선했다. 출석체크부터가 부담이었지만 학생의 당연한 의무이니 받아들였고 리포트와 시험도 부담이 됐지만 차곡차곡 쌓이는 학점이 충분한 보상이 되었다. 낯익은 선배 언론인들이 교수진에 포함돼 있는 것도 좋았다. 기억에 남는 과목이 적지 않았는데, 특히 대중문화popular culture와 영화 스토리텔링storytelling에 대한 강의는 〈박경수의 아침저널〉 시즌 I 과는 다른 시즌 II의 토대가 되었다고 할 만큼 영향을 받았다. 2020년 초 영화 〈기생충〉이 아카데미상을 휩쓴 뒤 쓴 내 칼럼에 그 내용이 오롯이 담겨 있다.* 시사프로그램에 정치 못지않게 문화에 비중을 두게 된 것인데, 클로징 멘트를 대신하는 클로징 음악으로 당일 방송을 마무리하게 된 것도 그런 영향 때문이다. 말보다 음악으로 더 깊이 있는 메시지를 전할 수 있다는 걸 알게 됐기 때문이다.

2020년 5월 4일. 시즌II 첫 방송의 클로징 음악은 숭실대 법대 오시영 교수의 추천곡을 내보냈다. 변호사이기도 한 오 교수는 은퇴한 뒤 첼로를 배우고 있다고 하는데, 법률적 식견 못지않게 음악적 감성이 뛰어났다. 다시 방송을 재개하게 된 의미를 담은 이 곡은 시즌II 마지막 날에도 쓰이게 되며 내게는 영원한 클로징 곡으로 남았다. 2022년 6월 1일의 클로징 음악, 영화 〈비긴 어게인〉의 OST 중에서 〈로스트 스타즈Lost Stars〉. 이 노래의 선율이 지금도 귓전을 울리고 있다.

* http://news.bbsi.co.kr/news/articleView.html?idxno=973177
〈기생충〉과 영화 스토리텔링의 이해(BBS 2020-02-16)

〈박경수의 아침저널〉 시즌Ⅱ

〈기생충〉과 '영화 스토리텔링의 이해'

BBS 칼럼, 박경수 보도국장 (2020-02-16)

언젠가부터 같은 영화를 여러 번 보는 재미가 생겼다. 물론 무조건은 아니고 보고 싶은 생각이 드는 영화에 한해서다. 특히 울림을 주는 시네마는 케이블로 옮아가 필름이 닳고 닳아도 놓치지 않으려 애쓴다. 그러다 보니 명대사는 어김없이 머리에 남아 귓전을 맴돌기 일쑤다. 두 번 볼 때, 세 번 볼 때, 느낌과 감동이 다르다. 숨은 장면들이 눈에 들어오고 사각지대에 있는 배우들의 표정이 읽힌다. 나도 모르게 마니아의 첫걸음을 내디딘 게 아닌가 싶다.

국내에서 1천만 영화는 영화의 성공을 가늠하는 척도라고 한다. 유권자의 득표수로 환산하면 대통령에 당선될 만한 수준이다. 그 1천만 영화가 지금껏 27편이나 나왔다. 지난 2003년 〈실미도〉를 시작으로 지난해 〈겨울왕국2〉까지 말이다. 1년에 우리 국민 한 명이 보는 영화가 네 편을 넘어선 지 오래다. 특히 지난해에는 아이슬란드를 뛰어넘어 세계에서 가장 영화를 많이 보는 나라가 됐다. 1백년 만에 영화 강국, 영화를 사랑하는 국민이 된 것이다. 하지만 통계 못지않게 그 의미에 주목해야 한다는 지적은 귀 기울일 만하다. 1천만 영화의 비결로 '스토리'를 꼽는 영화인들이 적지 않기 때문이다. 관객과 소통하고 관객들이 공감하고 감동할 수 있게끔 영화를 만들기 위해서는 무엇보다 '스토리텔링'이 중요하다는 것이다. 페르시아의 설화 '천일야화千一夜話'는 물론 아리스토텔레스 수사학의 기본도 사실 '스토리'에 있었다. 아카데미상을 석권한 〈기생충〉의 힘도 마찬가지다. 그 스토리가 표현의 자유, 창작의 자유에서 나올 수 있음은 더 이상 강조할 필요도 없다.

예상치 못한 바이러스에 다들 걱정이 많다. 크고 작은 행사들이

영화 〈광해〉 〈변호인〉 〈도둑들〉 시나리오

잇따라 취소되고 있다. 참석여부를 고심했던 대학원 졸업식도 취소됐다. 고민은 덜었지만 한편에 아쉬움이 남는다. 인상적인 강의의 기억들이 영화의 명대사처럼 가슴에 남아 있기 때문이다. 그중 하나가 길종철 교수의 '영화 스토리텔링의 이해'다.

지성의 세계에 한 걸음 더

시사프로그램은 말 그대로 시사時事를 담아야 한다. 특히 아침 시사프로그램의 백미는 정치政治다. 정치인 혹은 정치 이슈에 대한 영향력 있는 출연자의 한마디가 하루 종일 정치 현장을 뜨겁게 달구기 때문이다. 나 역시도 그 부분을 간과할 수 없었고 늘 방송의 중심에 뒀지만, 시즌Ⅱ에서 담아내고 싶었던 분야는 따로 있었다. '문화文化'였다. 백범 김구 선생이 꿈꾸었던 '문화강국'에 이르는 길에 뭔가 기여하고 싶었다. 1인당 GNP 3만 불을 넘는 국민으로서 누려야 할 문화를 얘기하고 싶었다. 수요일 3부(08:30~08:55), 목요일 2부(08:00~08:30)를 문화 아이템에 할애했다.

코너를 시작할 때면 늘 언급했던 중독성 멘트. "문화를 통해 지성의 세계에 한 걸음 더 다가갑니다." 지금도 입에 붙어 있을 만큼 익숙하다. 문화와 예술에 대한 터치는 청취자들은 물론 내게도 즐거운 힐링 타임이었다. 뜨거운 정치쟁점은 어느새 봄눈 녹듯 스러질 수밖에 없었다.

가장 기억에 남는 코너는 책 이야기. 문화와 지성을 논하면서 빼놓을 수 없는 아이템이었다. 적어도 한 달에 책 한 권은 읽어야 한다고 생각해 매달 첫 주에 책을 소개했다. 그 역할은 이정수 서울도서관장이 맡았다. 10분 남짓 되는 짧은 시간에 책 한 권을 설명해주기가 버거웠지만 책을 가까이 할 수 있는 동기를 부여하는 것만으로도 의미가 적지 않다고 판단했다. 나는 2021년 1월 방송된 『꾸뻬씨의 행복여행』(프랑수아 를로르 지음, 오유란 옮김, 오래된미래, 2004)이 기억에 남았다. 프랑스 정신과 의사가 행복을 찾아가는 이 이야기는 영화로 만들어지기도 했는데, 당시 코로나에 지치고 힘들던 모두에게 행복의 의미를 생각케 하는 좋은 책이 아니었나 싶다. 이 관장은 8월 여

름방학 시즌에 방송한 『팩트풀니스factfulness』(한스 로슬링·올라 로슬링·안나 로슬링 뢴룬드 지음, 이창신 옮김, 김영사, 2019)가 기억에 남는다고 회고했다. 가짜뉴스가 늘어가는 시대에 충실한 팩트에 근거해 세계를 바라봐야 한다는 메시지를 전하고 싶었던 것 같다.

책에 버금가는 인상적인 아이템은 클래식 음악. 시사프로그램에서 클래식 한 곡의 의미를 알고, 일부지만 직접 듣는 건 행복한 아침이 아닐 수 없었다. 인천대 김준희 교수가 출연했는데, 본인이 피아니스트여서 직접 연주한 곡을 들려주기도 했다. 음악을 들어야 해서 책보다는 조금 긴 20분 남짓 시간을 배정했는데, 하이든·쇼팽·베토벤·모차르트 등 세계적인 음악가들의 명곡을 듣고 그 배경까지 이해하는 데는 많이 부족한 시간이었다. 그럼에도 멀게 느껴지던 클래식을 좀더 가깝게 하는 데는 한몫한 것 같아 뿌듯하다. 대중가요에 나오는 〈모차르트 피아노 협주곡 21번〉도 직접 들을 수 있는 시간이었다.

이정수 전 서울도서관장

인천대 김준희 교수

그밖에 여러 문화 아이템을 방송에 담았다. 문화가 인류 생활의 결실이라는 점에서 의衣·식食·주住에 대한 접근이 있었다. 의衣는 공중파 메인 뉴스의 코디를 맡고 있는 김세현 스타일리스트가, 식食은 꽁지머리로 유명한 유현수 셰프가, 주住는 차민호 건축사무소장이 각각 한 달에 한두 번씩 이야기를 들려줬다. 이밖에 영화, 국악, 차와 명상 등 다양한 문화로도 방송의 지평을 넓혔다. 문화를 통해 지성의 세계에 한 걸음 더 다가갈 수 있도록 애써준 분들에게 감사를 전한다.

박원순 서울시장과의 마지막 인터뷰

2020년 5월 4일. 〈박경수의 아침저널〉 시즌Ⅱ의 시작은 코로나19로 인한 첫 사망자(2. 20.) 발생 이후 공포감이 날로 확산되던 시기였다. 첫 번째 집중인터뷰 출연자가 바이러스 전문가 엄중식 교수였던 게 이를 반증한다. 정치적으로는 21대 총선(4. 15.) 결과 여당인 더불어민주당이 압승을 거둔 직후여서 별다른 논쟁거리가 없었다. 이른바 조국 전 법무부 장관 논란이 선거로 일단락되며 정치 이슈가 밋밋하기만 했다. 시사 프로그램의 긴장도 떨어지던 때였다. 7월 10일 박원순 서울시장이 사망하기 전까지는 그랬다.

그로부터 정확히 한 달 전인 6월 9일의 전화 인터뷰가 박 시장과의 마지막이었다. 코로나 대책은 물론 당시 악화일로였던 남북문제에 대해 질문을 이어갔다. 특히 사전 질문지와 다른 현안에 대해 애드리브로 꽤 많이 물었던 기억이 있다. 시민운동가로서의 투박하지만 도전적인 모습은 줄어들고 첫 3선 서울시장 행정가로서의 관록과 안정감이 부각되는 데에 대한 문제제기를 하고 싶었는지도 모른다. 박 시장은 다소 당황하면서도 노련하게 생방송을 소화했다. 언론들은 대북전단 살포에 대한 박 시장의 발언을 집중 보도했다.*

北 '삐라' 살포에 연락채널 차단…박원순 "전단 살포 좋아할 리가 없다"

최근 탈북민 단체의 대북 전단(삐라) 살포 대응책으로 북한이 청와대 핫라인 등 남북한 통신연락 채널을 완전히 차단·폐기한다고 9일 밝힌 가운데, 박원순 서울시장이 전단 살포와 같은 행동은 남북관계 진전에 바람직하지 못하다는 의견을 내놓았다.
박 시장은 9일 오전 BBS 라디오 〈박경수의 아침저널〉에 출연해 "전단 살포를 막는 것이 바람직한가"라는 질문에 "남북관계 진전을 위해서라면 그런 행태(전단 살포)는 바람직하지 못하다"고 답했다.
이어 "북한 인권 문제 지적은 얼마든지 있을 수 있지만, 지금 이

* https://www.segye.com/newsView/20200609503123?OutUrl=naver
北 '삐라' 살포에 연락채널 차단...박원순 "전단 살포 좋아할 리가 없다" (세계일보 2020-06-09)

판에 전단을 살포한다면 북한 정권 당국 입장에서 좋아할 리 있겠느냐"며 "남북관계 평화라는 더 큰 것을 해칠 수 있다"고 지적했다. (중략)

앞서 북한 조선중앙통신은 이날 오전 '북남 사이의 모든 통신연락선들을 완전 차단해버리는 조치를 취함에 대하여'라는 제목의 보도에서 "6월 9일 12시부터 북남 공동연락사무소를 통해 유지해오던 북남 당국 사이의 통신연락선, 북남 군부 사이의 동서해통신연락선, 북남통신시험연락선, 노동당 중앙위원회 본부청사와 청와대 사이의 직통통신연락선을 완전 차단·폐기하게 된다"고 알렸다.

2018년 4월 20일 개설된 남북 정상 간 핫라인을 포함해 군 등 모든 당국 간 연락수단을 끊고 남북관계를 단절하겠다는 입장을 분명히 한 것이다. (후략)

세계일보, 김동환 기자, 2020-06-09

그날의 인터뷰에 공감했는지, 이튿날 서울시 한 정무직 공무원은 박 시장에 대한 질책과 조언이 절실하다며 도움을 요청했다. 시장 관사에서의 저녁 일정을 조율했다. 가까운 지인도 초대됐다. 과거 시민운동 당시의 인연과 그 모습을 기억하는 나로서는 솔직히 여러 조언을 해드리고 싶었다. 시장님이 일주일만 더 살아 계셨다면 말이다.

예정에 없던 서울·부산 시장 보궐선거는 정치적 논란과 함께 아침 방송에 긴장감을 불어넣었다. 뭔가 국면이 바뀌어가고 있음을 느꼈다. 여야 정치인들이 앞다투어 출연하며 정치 이슈를 선점하려 애썼다. 여름 휴가철임에도 여야 공방이 가열됐다. 여당은 대선 주자 이낙연 대표 체제가, 야당은 당명을 바꾸며 김종인 비대위원장 체제가 들어서던 시절이다. 오랫동안 정치패널로 방송을 함께해온 시사평론가 김홍국, 허성우 두 분이 여야 정치권에 몸담게 된 것도 이 무렵이다. 늘 출연하던 분이 안 나오면 허전하고 낯선 게 방송인데, 그럼에도 출연자 섭외에 큰 어려움이 없었던 것은 그만큼 정치권이 뜨거워지고 있다는 시그널이었다. 더욱이 민주당이 당원투표를 통해 서울·부산시장 무공천 방침을 바꾸면서 정국은 보궐선거 국면으로 빠르게 빨려들었다. 늘 그렇듯이 민심은 이미 드러나 있었는데, 패자는 선거 결과가 나오기까지 여론조사를 믿고 싶어 하지 않았다.

故 박원순 시장 49재

더불어민주당 서울시장 경선토론회와 뉴스메이커

〈박경수의 아침저널〉 시즌Ⅱ는 보궐선거 국면에서 빛을 발했다. 지금 생각해보면, 차기 대선을 앞두고 정국의 주도권을 잡으려는 여야 정치권의 치열한 경쟁이 방송에 오롯이 담겨지며 세간의 주목을 받았기 때문이 아닌가 싶다. 당시 서울·부산 시장에 도전하는 후보들은 앞다퉈 방송 출연을 요청했고, 이슈 선점을 노리면서 시즌Ⅱ는 그야말로 뉴스메이커로서의 위상이 한껏 높아졌다.

서울시장만을 보면, 여당에서는 우상호 의원이 가장 먼저 출사표를 던졌는데, 공식 출마선언이 있기 20여 일 전 〈박경수의 아침저널〉 인터뷰(2020. 11. 17.)를 통해서 처음 출마 의지를 밝혔다. 그와 나는 대학 선후배 사이로 오랜 인연을 이어온 터라 보도국장이자 앵커인 나를 배려해준 것으로 느꼈다. 다른 언론들의 반응은 상상 이상으로 뜨거웠다.* 이 인터뷰가 서울시장 레이스의 출발 신호로 받아들여졌던 것이다.

우상호 "서울시장 당내 경선 준비 중…이달 말 공식 발표"*

더불어민주당 우상호 의원이 내년 4월 서울시장 보궐선거를 위한 당내 경선을 준비하고 있으며, 이달 말에 출마를 선언하겠다고 밝혔습니다.

우 의원은 오늘(17일) 오전 BBS 라디오 〈박경수의 아침저널〉 인터뷰에서 서울시장 출마 가능성을 묻는 질문에 "당내에서 있는 경선에 출마하는 것을 전제로 준비 중에 있다"며 "11월 말쯤에 의사를 밝히게 될 것"이라고 말했습니다. (후략)

KBS, 김지숙 기자, 2020-11-17

우상호 "이달 말 출마 결정…윤석열 지지율 물거품 같은 것"

우상호 더불어민주당 의원이 17일 내년 서울시장 보궐선거 출

---

* https://news.kbs.co.kr/news/view.do?ncd=5049873&ref=A
우상호 "서울시장 당내 경선 준비 중…이달 말 공식 발표"(KBS 2020-11-17)
https://www.seoul.co.kr/news/newsView.php?id=20201117500029&wlog_tag3=naver
우상호 "이달 말 출마 결정…윤석열 지지율 물거품 같은 것"(서울신문 2020-11-17)

마 여부와 관련해 "조만간 제 의사를 밝힐 것이다. 11월 말쯤으로 생각하고 있다"고 말했다.

우 의원은 이날 BBS 라디오 〈박경수의 아침저널〉 인터뷰에서 "당내 경선 출마를 전제로 지금 준비 중"이라며 이같이 밝혔다.

(중략)

윤석열 총장 지지율에 대해서는 "정치조사는 일시적인 인기에 그치는 경우가 많다. 검찰총장을 그만두지 않으면 기대감이 사라지게 되는 것"이라며 "반기문 전 유엔 사무총장이나 황교안 전 대표도 인기가 물거품처럼 사라지는 것을 봤지 않느냐. 나는 같은 현상이라고 보고 있다"고 설명했다.

서울신문, 정현용 기자, 2020-11-17

여기에 당내에서 박원순 전 시장의 '성비위'로 인한 보궐선거였기에 여성 후보론이 부상했고 이 과정에서 자연스레 여성인 박영선 중소벤처기업부 장관이 유력 후보로 거론됐다. 박 장관은 생방송 인터뷰(2021. 1. 13.)에도 적극적이었는데, 다만 중기부 업무에 집중할 뿐 출마에 대한 질문은 피해가기 일쑤였다.* 실제 출마를 원치 않았다는 전언도 있었고 선거전략이라는 분석도 있었다. TV조선 예능 프로그램에 출연했던 것을 보면 후자에 무게가 실리지만 솔직히 잘 모르겠다. 아무튼 4년 만에 우상호 대 박영선 리턴 매치가 성사됐다.

박영선 "서울시장 출마 여부, 당분간 그만 얘기했으면"

박영선 중소벤처기업부 장관은 자신의 서울시장 출마 여부와 관련해 쏟아지는 관심에 대해 "그 얘기는 당분간 그만했으면 좋겠다"고 했다.
박 장관은 13일 BBS 라디오 〈박경수의 아침저널〉에 출연해 '청취자분들이 궁금해하시는 게 사실 서울시장 출마 여부가 아닐까 싶다'는 진행자의 말에 이같이 답했다. (중략)
전날 박 장관이 출연한 예능 프로그램 〈아내의 맛〉(TV조선)도 언급됐다. 진행자가 "재미있게 봤다"고 하자 박 장관은 "그러셨어요"라며 웃었다. (후략)

국민일보, 권남영 기자, 2021-01-13

* http://news.kmib.co.kr/article/view.asp?arcid=0015421249&code=61111111&cp=nv
박영선 "서울시장 출마 여부, 당분간 그만 얘기했으면"(국민일보 2021-01-13)
https://www.donga.com/news/article/all/20210113/104901673/2
박영선, 서울시장 출마 여부 묻자 "그 얘긴 당분간 그만"(동아일보 2021-01-13)

박영선, 서울시장 출마 여부 묻자 "그 얘긴 당분간 그만"

박영선 중소벤처기업부 장관은 서울시장 출마 여부와 관련해 "그 얘기는 당분간 그만했으면 좋겠다"고 밝혔다.
박 장관은 13일 오전 BBS 라디오 〈박경수의 아침저널〉에서 "청취자분들이 궁금해하시는 게 사실 서울시장 출마 여부가 아닐까 싶다"는 진행자의 질문에 이같이 답했다.
박 장관은 "제가 오늘 출연한 것은 버팀목자금을 상세하게 알려야 하기 때문"이라며 "꼭 그걸 물어본다"고 웃었다.
진행자가 재차 서울시장 출마 여부를 재차 묻자 "제가 1월 안으로 결정하겠다고 말씀드렸다. 왜냐하면 지금은 중소벤처기업부의 버팀목자금 등의 진행 상황을 마무리할 필요가 있다"며 말을 아꼈다. (후략)

동아일보, 김진하 동아닷컴 기자, 2021-01-13

2021년 2월 22일 월요일 아침. 우상호-박영선 민주당 경선 후보들의 BBS 생방송 토론회가 열렸다.* 라디오는 물론 유튜브로도 생중계되는 상황이어서 마포는 새벽부터 분주했다. 공통 질문을 두 후보 모두에게 공정하게 소화하고 답변 시간을

* https://www.youtube.com/watch?v=3zN_P36_ZYk

균등하게 배분하며 진행하면 되는 어렵지 않은 방송이었지만, 처음이어서 긴장감이 남달랐다. 특히 BBS로서는 중앙선거관리위원회의 관리 감독을 받는 정당의 경선토론회가 처음인 탓에 방송국 전체의 긴장감이 높았다. 당시 토론회는 우호적인 분위기에서 진행됐지만, 경부고속도로 지하화(박영선 공약)와 강변북로 공공주택 공급(우상호 공약) 등 상대후보 부동산 공약을 놓고는 날카롭게 맞섰다.* 문재인 정부의 부동산정책에 대한 시민 불신이 큰 상황이었기에 뭔가 대책을 내놓아야 한다는 고민의 반증으로 받아들였다.

부동산 평당 가격까지 다툰 우상호·박영선…1000만 원 대 1500만 원

더불어민주당 서울시장 보궐선거 경선에 출마한 박영선·우상호 예비후보가 22일 라디오 토론에서 부동산 공약의 '세부 내용'을 두고 치열한 공방을 벌였다. 우 후보가 자신의 한강변

---

* https://www.khan.co.kr/politics/assembly/article/202102221127001
부동산 평당 가격까지 다툰 우상호 · 박영선…1000만원 대 1500만원 (경향신문 2021-02-22)

더불어민주당 서울시장 후보 경선토론회(BBS)

주택 공급 공약에 대해 "박 후보가 말한 평당 1,000만 원보다 500만 원 더 비싸지만 4,000만~5,000만 원의 민간택지를 수용해 올리는 비용보다 저렴하다"고 주장하자, 박 후보는 "분양가가 2,000만 원 가까이 되기에 서민을 위한 아파트로 적당하지 않다"고 비판했다. (중략)

두 후보는 22일 오전 BBS 라디오 〈박경수의 아침저널〉에서 주최한 민주당 서울시장 경선 토론에서 치열한 공방을 이어갔다. 이날 토론은 TV토론을 포함해 두 후보 간 열린 세 번째 토론이자 첫 라디오 토론이었다. 두 후보는 이번 선거의 핵심 쟁점인 부동산 공약의 세밀한 내용을 두고 다툼을 벌였다. 지지율에서 뒤진 우 후보가 집중적인 공세를 이어갔고, 박 후보는 이를 방어하면서 우 후보의 공약을 비판하고 나섰다. (후략)

경향신문, 박광연 기자, 2021-02-22

하지만 여당 후보가 공식 선출된 다음날인 3월 2일. 참여연대와 민변(민주사회를위한변호사모임)이 발표한 이른바 'LH 부동산 사태'는 일찌감치 보궐선거의 분수령이 됐다. 부동산 관련 공기업인 LH 직원들이 3기 신도시 개발에 대한 사전 정보를 토대로 대출까지 받아가며 투기에 나선 사실은 국민들에게 그야말로 상상 이상의 충격을 던져줬다. 실제 선거(2021. 4. 7.)까지 한 달 이상 남은 시점이었지만 여당으로서는 백약이 무효했다. 민주당 후보로 선출된 박영선 후보는 여당 후보인 게 약점이라는 분석이 시사평론가들의 입에서 나올 정도였다. 부동산가격 폭등으로 이반한 민심이 'LH 부동산 사태'로 폭발했다는 기사가 이어졌다.

더불어민주당
서울시장 후보
경선토론회
(BBS 유튜브)

국민의힘 경선을 가른 오세훈 후보 인터뷰

야당인 국민의힘 서울시장 후보 경선은 민주당과 달리 당 차원의 토론회 요청이 없었던 관계로, 후보 한 명씩 대담 형식으로 릴레이 인터뷰를 이어갔다. 서초구청장이었던 조은희 후보가 콘텐츠에서는 인상적이었지만 역시 경쟁은 무게감이 남다른 오세훈-나경원 두 후보의 사실상 양자구도였다.

무엇보다 나경원 전 의원의 도전적인 모습이 기억에 남는다. 1월 13일 공식 출마선언에 이어 일주일 만에 생방송 인터뷰(2021. 1. 21.)를 가졌는데 그야말로 거침이 없었다. 국민의당 안철수 대표와의 야권 단일화 전망부터 당시 출마 선언도 하지 않고 있던 여당 박영선 장관에 대한 평까지 공격적인 답변을 이어갔다.* 게다가 한 달이 채 안 돼(2. 18) 스튜디오에서 다시 만난 나 전 의원은 머리까지 질끈 동여매고 출연해 정권교체에 대한 강한 의지를 표할 정도였다.**

나경원 "안철수 진정성 믿고파…단일화 안 되면 공멸"

나경원 전 국민의힘 의원은 21일 안철수 국민의당 대표와의 서울시장 후보 단일화에 대해 "진정성을 믿고 싶고 단일화가 되지 않으면 공멸의 길이 될 수 있다"고 밝혔다.

나 전 의원은 이날 오전 BBS 라디오 〈박경수의 아침저널〉에 출연해 사회자가 "단일화가 되지 않아 3자 대결 구도가 되면 여당 후보의 승리 가능성이 높다고 보나"라고 묻자 "당연히 그렇지 않겠나"라며 이같이 말했다. (후략)

뉴시스, 문광호 기자, 2021-01-21

---

* https://newsis.com/view/?id=NISX20210121_0001313193&cID=10301&pID=10300
나경원 "안철수 진정성 믿고파…단일화 안 되면 공멸"(2021-01-21 뉴시스)
http://news.heraldcorp.com/view.php?ud=20210218000350
나경원, 또 박영선 직격…"수직정원보다 자연복원이 먼저"(2021-01-21 헤럴드경제)

** http://news.bbsi.co.kr/news/articleView.html?idxno=3022440
나경원 "정권교체의 결연한 의지로 머리 '질끈'…서울부터 교체해야"(2021-01-21 BBS)

나경원, 또 박영선 직격…"수직정원보다 자연복원이 먼저"

서울시장 보궐선거에 도전하는 나경원 국민의힘 예비후보는 18일 박영선 더불어민주당 예비후보의 '수직정원' 공약에 대해 "있는 자연을 살리는 게 먼저"라고 비판했다.
나 후보는 이날 BBS 라디오 〈박경수의 아침저널〉에서 "굉장히 그럴싸해 보이지만 실제 실험한 중국 쓰촨성의 경우에는 사실상 폐허가 되고 말았다"며 이같이 말했다. (중략)
박영선 후보의 부동산 공약에 대해서도 "비현실적"이라고 평가절하했다. (후략)

헤럴드경제, 정윤희 기자, 2021-01-21

나경원 "정권교체의 결연한 의지로 머리 '질끈'…서울부터 교체해야"

국민의힘 나경원 서울시장 예비후보가 문재인 정권에 브레이크를 걸어야 한다며, 먼저 서울부터 정권 교체가 돼야 한다고 말했습니다. 나 후보는 오늘 BBS 〈박경수의 아침저널〉에 출연해 현 정권이 계속 이어지면 국민들의 삶이 힘들어진다며, 정권교체를 위한 결연한 의지로 머리를 묶었다고 설명했습니다. (후략)

BBS, 황민호 기자, 2021-02-18

반면 오세훈 전 시장은 10여 년 만의 컴백이어서 그런지 신중하고 조심스러운 느낌이었고, 예리함은 여전했다. 특히 국민의힘 첫 후보 합동토론회를 하루 앞두고 진행된 인터뷰(2021. 2. 25.)에서 야권 지지자들의 최대 관심사였던 '단일화'를 쟁점 이슈로 부각시켰다. 특히 나 전 의원과 안 대표의 단일화는 어려울 것이라는 점을 강조했다.*

오세훈 "강경보수 나경원, 단일화에서 쉽지 않을 것"

국민의힘 오세훈 서울시장 경선후보는 25일 나경원 후보가 당 후보로 정해지면 제3지대 후보와의 단일화 경선이 쉽지 않을 것이라고 주장했다.

오 후보는 이날 BBS 라디오 〈박경수의 아침저널〉에서 진행자가 '나 후보가 되면 외연확장이 쉽지 않다고 보는가'라고 묻자 "그

* https://www.yna.co.kr/view/AKR20210225061900001?input=1195m

오세훈 "강경보수 나경원, 단일화에서 쉽지 않을 것"(2021-02-25 연합뉴스)

https://www.hankookilbo.com/News/Read/A2021022510510001856?did=NA

오세훈 "강경 보수 자처한 나경원은 안철수와 단일화 쉽지 않아"(2021-02-25 한국일보)

렇다"고 답하며 이같이 말했다. (후략)

연합뉴스, 나확진 기자, 2021-02-25

오세훈 "강경 보수 자처한 나경원은 안철수와 단일화 쉽지 않아"

국민의힘 서울시장 보궐선거 예비후보인 오세훈 전 서울시장이 25일 당내 경쟁 관계인 나경원 전 국민의힘 의원을 겨냥해 "안철수 국민의당 대표로 예상되는 제3지대 후보와의 단일화가 쉽지 않을 것"이라고 주장했다.

오 전 시장은 25일 BBS 라디오 〈박경수의 아침저널〉에서 "나 전 의원이 국민의힘 서울시장 후보가 되면 외연 확장이 쉽지 않다고 보느냐"는 질문에 이같이 답했다. (후략)

한국일보, 김소연 기자, 2021-02-25

거의 모든 언론이 이 발언을 대서특필했는데, 지금 판단해 보면 국민의힘 서울시장 경선의 절정이라고 봐야 할 듯싶다. 나 전 의원의 반발이 격렬했고 이튿날 후보 합동 토론회에서 매섭게 이 문제를 추궁하듯 몰아붙였다.*

'말 바꾸기' 집중공격 당한 오세훈, 엉뚱한 데 1분 쓴 나경원

불꽃 튀는 공방전이었다. 국민의힘 서울특별시장 보궐선거 예비후보들의 경선 합동 비전토론회는 4명의 후보들 간 설전이 오가며 어느 때보다 격렬했다. (중략)

나 후보는 최근 BBS 라디오 〈박경수의 아침저널〉에 출연한 오세훈 후보의 발언을 문제 삼았다. 나경원 후보가 국민의힘 서울시장 후보가 될 경우, 안철수 국민의당 후보와의 단일화가 어렵다는 발언이었다. 나 후보가 "어떤 취지인가?"라고 묻자 오 후보는 "앞뒤 맥락을 보면 그게 오해라는 걸 알 수 있다"라며 "사회자 질문이 '나경원 후보가 중도확장력이 떨어집니까'였고, 나는 단일화 자체가 어렵다는 게 아니라 단일화가 되면 안철수 후보를 이기기 어렵다고 했다"라고 설명했다.

나 후보가 "어떤 의미에서 안철수 후보를 이기기 어렵다는 것인가?"라고 재차 묻자, 오 후보는 "본인이 짜장면, 짬뽕 말하면서 보수본색이라고 이야기했다"라고 꼬집었다. 나 후보가 여러

* https://www.ohmynews.com/NWS_Web/View/at_pg.aspx?CNTN_CD=A0002722708&CMPT_CD=P0010&utm_source=naver&utm_medium=newsearch&utm_campaign=naver_news
'말바꾸기' 집중공격 당한 오세훈, 엉뚱한 데 1분 쓴 나경원(2021-02-26 오마이뉴스)

언론 인터뷰에서 "짬뽕이 좌파라면, 짜장은 우파" "중도는 짜장에 짬뽕 부은 것" 등의 발언을 해온 것을 재차 상기시킨 것이다. 나 후보는 "그 이야기를 했다고 해서 강경보수라고 아주 이분법적으로 말하고 있다"라며 "낡은 이분법"이라고 반발했다.

(후략)

오마이뉴스, 곽우신 기자, 2021-02-26

오 전 시장은 자신의 발언 파문이 커지자 실제 적잖이 당황했던 듯싶다. 인터뷰 당일 낮 내게 직접 전화해 인터넷에 게재된 인터뷰 내용의 수정이 가능한지를 조심스레 타진했다. 나경원 전 의원에 미안하다는 뜻도 전했다. 나는 생방송은 어쩔 수 없으며 타 언론들이 이미 보도한 만큼 인터뷰 수정은 불가하다고 답했던 기억이 있다. 아무튼 본인이 인터뷰에 따른 파문이 커지자 당황을 했을지는 모르지만, 결과적으로 중요한 시점에서 경선의 흐름을 유리하게 몰고 간 것만은 분명해 보인다.

의료법 개정안에 반발하는 의사들에 대해서도 당일 인터뷰 말미에서 부정적으로 답변했는데, 이 역시 여론을 읽는 예리함으로 해석됐다. 참고로 당시 안철수 대표는 애매모호한 입장으로 '안개화법'이라는 비판을 받고 있었다.

야권에서 가장 먼저 출마를 선언하고 앞서나갔던 안 대표와의 후보단일화는 오 시장으로서는 그리 어려운 일은 아니었을 것 같다. 특정 프로그램에만 출연하지 않을 만큼 인터뷰 전략도 남달랐다.* 보궐선거가 끝난 뒤, 오세훈 시장의 당초 목표는 안철수 대표를 국민의힘에 입당시켜 서울시장으로 밀고 자신은 대권을 도전하는 것이었다는 얘기가 심심치 않게 들렸다.

오세훈, 아침라디오 인터뷰 김어준 뉴스공장만 0회

오세훈 국민의힘 서울시장 후보가 지난 1월 출마 선언 이후 선거운동이 끝날 때까지 TBS 라디오 〈김어준의 뉴스공장〉과 끝내 인터뷰하지 않았다. 비슷한 시각 방송되는 아침 라디오 프로그램엔 적게는 2회에서 많게는 5회까지 인터뷰했으나 유독 뉴스공장과는 하지 않았다.

오 후보측은 '서울시 재정 지원 방송', '편향적 방송' 등의 이유를 밝혀왔다. 그러나 뉴스공장을 청취하고 있는 유권자 역시 서

* http://www.mediatoday.co.kr/news/articleView.html?idxno=212812
오세훈, 아침라디오 인터뷰 김어준 뉴스공장만 0회(2021-04-06 미디어오늘)

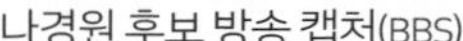
나경원 후보 방송 캡처(BBS)

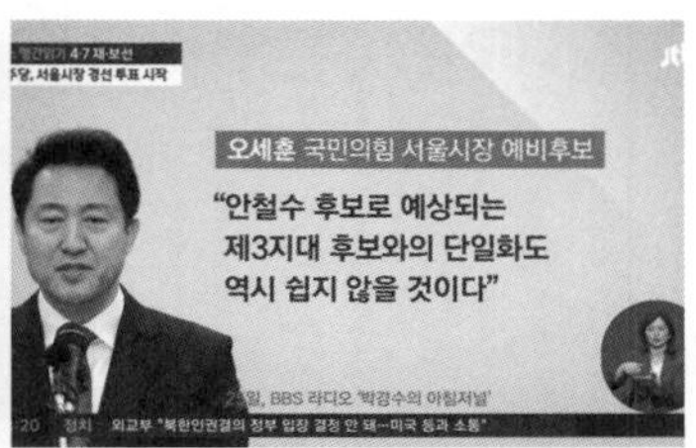

오세훈 후보 방송 캡처(JTBC)

울시민들이라는 점에서 시장 후보의 육성을 들을 권리를 스스로 제한하는 것 아니냐는 지적이다.

6일 미디어오늘이 KBS MBC CBS BBS YTN TBS 등 아침 시사프로그램이 활발한 주요 6개 아침 라디오 프로그램(오전 6시~9시)에서 오 후보와 박영선 더불어민주당 후보 인터뷰 현황을 분석한 결과, YTN이 6회로 가장 많았고, CBS 4회, MBC KBS BBS가 각각 2회였다. TBS만 0회였다. (후략)

미디어오늘, 조현호 기자, 2021-04-06

힘내라, 시즌II

2021년 4월 7일. 서울시장 보궐선거는 정국의 분기점이었다. 대선을 1년도 채 남겨놓지 않은 시점에서 야당을 향하는 민심의 흐름이 공식 확인된 셈인데, 당시 나는 시즌II의 미래가 서서히 어두워지고 있음을 피부로 느껴야 했다. 여야 정치인 출연 횟수까지 균형을 맞출 만큼 형식과 내용 모두에서 중립적인 진행을 이어왔음에도 불구하고, 당초 보수 편향의 진행자 교체에 뜸을 들였던 사장에게 미묘한 변화가 감지됐기 때문이었다. 박근혜 정권 당시 지방으로 좌천된 기억이 떠올랐다. 내부 인력과 노조가 약한 언론사에서 인사권을 쥔 보수적인 정치 성향의 경영진을 견제할 방법은 그리 많지 않다. 믿는 것은 시청자·청취자뿐. 방송에 진력하는 길 외에 다른 방법은 보이지 않았다.

예상은 틀리지 않았다. 민주당 대선후보 경선을 앞두고 있던 8월 중순. 전격적인 인사로 보도국장 보직을 잃었다. 정기 인사 시즌이 아닌데다 굵직한 정치 이벤트를 앞두고 있던 시점에서의 보도국장 인사는 궁금증을 불러왔다. 문제는 〈박경수의 아침저널〉 존폐 여부. 사장이 국장에 대해 인사권을 행사할 수는 있지만, 방송 진행에까지 개입하기는 여의치 않은 게 현실이었다. 더군다나 상승세를 타던 프로그램을 바꾸는 것은 쉽지 않았던 듯싶다. 내 스스로가 방송 하차를 결행하지 않는 한 말이다. 결국 프로그램은 이어갈 수 있었다. 어정쩡한 동거 속에 대선일은 하루하루 다가오고 있었다.

29년간의 언론인 생활을 마감하며

〈박경수의 아침저널〉은 유무형의 어려움 속에서도 영향력을 이어갔다. 보도국장 직함 없이도 앵커가 바뀌지 않은 만큼 프로그램 이름이 바뀔 수는 없었고, 대선이 깊어갈수록 프로그램을 인용한 정치 기사가 거의 매일 타 언론사 픽Pick에 내걸렸다. 정치인들의 출연 러시가 이어지는 가운데 송영길-이준석, 여야 대표들은 단골 출연자였다. 특히 송 대표의 발언은 퍽 공격적이어서 윤석열 후보 부인 김건희 씨를 정면으로 겨냥했고* 이준석 대표는 윤 후보와의 갈등 속에서도 김씨를 옹호했다.**

* https://www.hankookilbo.com/News/Read/A2021122210050005203?did=NA
송영길 "김건희, 윤석열에 반말… 집권하면 최순실처럼 될 것"(2021-12-22 한국일보)

송영길 "김건희, 윤석열에 반말… 집권하면 최순실처럼 될 것"

송영길 더불어민주당 대표가 22일 윤석열 국민의힘 대선후보 부인 김건희 씨를 향해 "윤 후보가 집권하면 김씨가 최순실(개명 후 최서원)처럼 될 것"이라고 비판했다. 김씨가 윤 후보에게 사석에서 반발을 하며 '실세' 역할을 하고 있다고 강조하면서다.

송 대표는 이날 BBS 라디오 〈박경수의 아침저널〉에 출연, "윤 후보가 언론 인터뷰에서 청와대 제2부속실 폐지를 약속했다"는 진행자 발언에 대해 "신빙성 없고 말도 안 되는 논리"라며 이같이 말했다. 제2부속실은 청와대에서 대통령 배우자를 담당하는 부서다. (중략)

송 대표는 이후 여의도 당사에서 열린 중앙선대위 회의에서도 김씨에 대한 비판을 이어갔다. 송 대표는 "김건희 씨 허위이력이 갈수록 심각해진다. 서울대 글로벌리더십프로그램의 일환으로 5일간 뉴욕에 간 것을 '뉴욕 연수'라고 하면 말이 되는 것이냐"라며 "이게 윤 후보가 말하는 공정한 사회냐. 이게 윤 후

** https://www.joongang.co.kr/article/25043645
이준석 "김건희 팬덤? 일시적"…허위이력엔 "디테일 기억 못 해"(2022-01-26 중앙일보)

송영길 대표 방송 캡처(YTN)

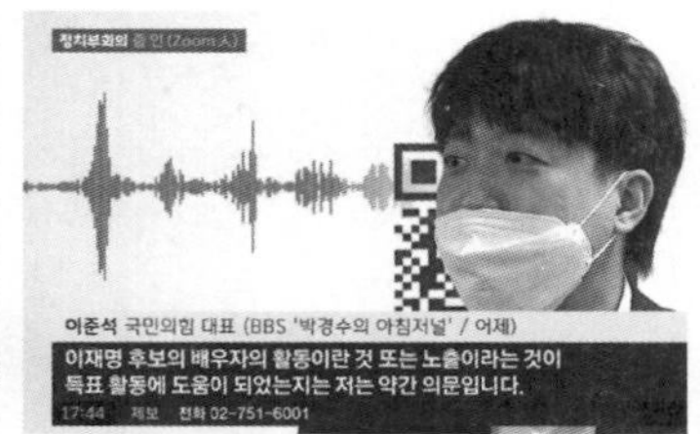

이준석 대표 방송 캡처(JTBC)

보가 검찰총장 시절 (조국 전 법무부 장관 부인) 정경심 교수를 수사했던 기준에 맞느냐"고 했다. (후략)

한국일보, 신은별 기자, 2021-12-22

이준석 "김건희 팬덤? 일시적" … 허위이력엔 "디테일 기억 못해"

이준석 국민의힘 대표가 교육부의 윤석열 대선 후보 부인 김건희 씨에 대한 허위이력 판단과 관련해 "디테일하게 기억을 못해 오해를 산 부분도 있다"고 해명했다.

이 대표는 26일 BBS 라디오 〈박경수의 아침저널〉 인터뷰에서 "잘못된 기재가 있었다면 겸허히 사과해야 하는 것"이라며 이같이 밝혔다.

그는 "과거 전시기획을 했던 이력이란 것도 15년 가까이 지난

이력을 추적해서 후보 배우자가 대응하다 보니 매끄럽지 못한 부분이 있었다"고 언급했다. (중략)

이 대표는 김씨를 둘러싼 '무속' 논란과 관련해선 "대기업 일간지들만 해도 지면 좋은 위치에 오늘의 운세나 사주를 배치한다"며 "이런 것을 보는 행위 자체를 무속에 심취한 행위로 보는 것은 선거 과정에서의 과도한 주장"이라고 말했다. (후략)

중앙일보, 이보람 기자, 2022-01-26

방송과 관련해 가장 아쉬운 것은 대통령에 당선된 윤석열 후보와의 인터뷰가 성사되지 못한 부분이다. 윤 후보는 방송 인터뷰에 인색했다. 워낙 설화舌禍가 많았던 후보인데다 생방송에 대한 부담이 컸기 때문으로 분석된다. 반면 이재명 후보는 막판 대추격에 나서면서 지방 유세 도중 인상적인 생방송 전화인터뷰(2022. 2. 24.)를 가졌는데, '통합정부'라는 승부사적 메시지를 던졌던 것으로 기억한다.* 이 후보를 상대로 대장동 의혹에 대한 질문을 하지 않은 것과 관련해 일부 반론이 있었으나, 이는 기본적으로 김만배 씨에 대한 신뢰가 없기 때문이

* https://news.jtbc.co.kr/article/article.aspx?news_id=NB12048266
이재명 "혼자서 이기기 어려워…난폭한 윤석열 빼고 나머지 함께하자"(2022-02-24 JTBC 뉴스)

라고 사석에서 말한 적이 있다. 과거 법조 기자실에서 여러 차례 유혹을 경험했던 당사자로서는 국가 미래의 5년을 맡겨야 하는 중차대한 대통령선거가 불확실한 의혹으로 끌려다녀서는 안 된다고 판단했다.* 더군다나 선거 막판 대장동 관련 질문은 더이상 할 것도 남아 있지 않았다.

이재명 "혼자서 이기기 어려워…난폭한 윤석열 빼고 나머지 함께하자"

이재명 더불어민주당 대선후보는 오늘(24일) BBS 라디오 〈박경수의 아침저널〉에서 "국민의힘 윤석열 후보를 제외하고 진짜 국민의 삶을 개선하자는 모든 정치세력이 가능한 범위에서 협력하는 길을 찾자"고 말했습니다.
"어느 쪽도 혼자서는 이기기 어려운 상황"이라며 안철수 국민의당 후보와 심상정 정의당 후보에게 정치 개혁 합의를 제안한 겁니다.
이 후보는 안 후보, 심 후보에 대해 "두 분 말씀과 정치교체, 연합정부의 필요성에 거의 다른 점이 없다"고 덧붙였습니다.
윤 후보에 대해서는 "유세나 말씀, 행동을 보면 무서울 정도로

* 5부 「김만배에 대한 평」 167~168쪽.

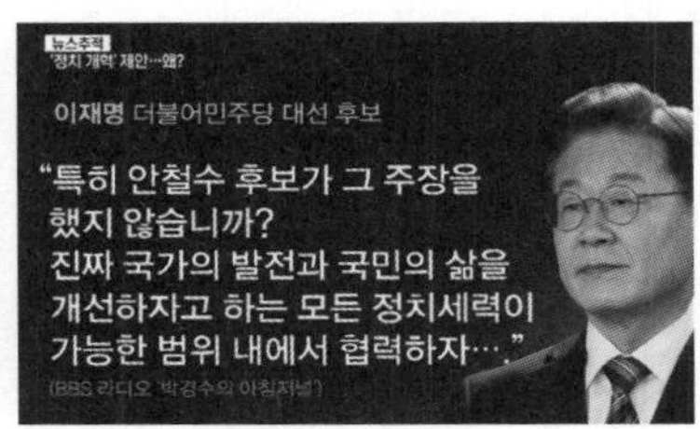

이재명 대선 후보 방송 캡처(좌: 채널A 우: MBN)

구태스럽고 이분법적이고 난폭하고 일관성도 없다"며 "이런 분과 같이할 수는 없다"고 말했습니다.

이 후보는 어제 '분열의 정치를 하지 않는 모든 정치세력'을 언급한 바 있습니다. 이어 오늘은 정치개혁·통합정부론을 고리로 한 제3지대와의 연대를 더욱 구체화함으로써 중도 지지층 공략에 속도를 내고 있는 겁니다. (중략)

이 후보는 고 노무현 전 대통령도 언급했습니다.

과거 노 전 대통령이 제안했던 '대연정'과 관련한 질문에 "굳이 소수 정파만 모을 필요가 있느냐. 국가를 위해 역할을 나누는 것이 합의되면 소연정·대연정 모두 할 수 있지 않느냐는 말씀"이라고 해석하며 "이론적으로 맞는데 당시 국민 정서상 받아들이기 어려웠던 것 같다"고 밝혔습니다.

JTBC, 김필준 기자, 2022-02-24

나는 대선이 끝나면서 시즌Ⅱ 마무리를 준비했다. 하지만 0.73%p라는 근소한 표차 때문인지, 시즌Ⅱ의 생명은 지방선거까지 연장됐다. 다행인 것은 민주당이 경기도지사 선거라도 이긴 것인데, 이는 특정 정당의 승패를 염두에 뒀다는 의미가 아니고 견제와 균형이라는 민주주의 원리에 부합하는 결과가 나왔다는 뜻에서 평가하는 것이다. 지금 생각해보면, 당시 경기도지사에 출마한 무소속 강용석 후보와의 인터뷰(2022. 5. 25.)*를 선거 막판에 힘겹게 성사시킨 영향이 있지 않았을까 조심스레 추측해본다. 김은혜 후보와의 단일화 가능성이 사실상 무산됐음을 보여주는 인터뷰였기에 그렇다. 하지만 실제 방송 인터뷰는 불발될 뻔했다. 당일 1부에서 강 후보와 전화연결이 안 돼 당황했지만, 청취자들이 인터뷰를 희망하면서 마지막 3부에 인터뷰가 이뤄지게 됐다.

* https://www.mbn.co.kr/news/politics/4769500
강용석 "김은혜가 단일화 거부하는 상황…국힘 복당, 생각 없어"(2022-05-25 MBN 뉴스)

강용석 "김은혜가 단일화 거부하는 상황…국힘 복당, 생각 없어"

경기도지사에 출마한 강용석 무소속 후보와 김은혜 국민의힘 후보의 단일화가 사실상 불가능하다는 전망이 나왔습니다.

강용석 후보는 25일 BBS 라디오 〈박경수의 아침저널〉에 출연해 "그쪽(김은혜 후보)에서 단일화에 소극적인 정도가 아니라 거부하고 있는 상황"이라며 "저희 입장에서는 더이상 어떤 얘기를 할 수 있지 않다"고 말했습니다.

강 후보는 "처음부터 깔끔하게 단일화 조건을 얘기했었는데 그 조건에 대해 전혀 수긍하려는 태도가 없다"면서 "(단일화에 대한) 고민은 이제 거의 없어졌다"고 주장했습니다. (후략)

MBN, 최유나 디지털뉴스 기자, 2022-05-25

얼마 전 당시 청취자 한 분이 SNS를 통해 강 후보와의 당일 인터뷰가 기억난다는 글을 보내 과거 추억을 다시 한번 떠올릴 수 있었다. 아무튼 국민의힘 압승이 예상되던 지방선거를 2주 앞두고 내게는 앵커 교체가 통보됐다.

결국 2022년 6월 1일은 지방선거일이자 내 마지막 방송일이 됐다. 클로징 음악은 〈비긴 어게인〉의 OST 중에서 〈로스트 스타즈〉. 2년 전 시즌Ⅱ를 시작할 때 틀었던 곡이다. 이 곡과 함께 〈박경수의 아침저널〉은 막을 내렸다.

나는 이튿날부터 연차를 포함한 긴 휴가에 들어갔고 더이상 방송국에 출근하지 않았다. 사장은 형식적으로라도 사직을 만류하지 않았다. 기다렸다는 듯 사표는 수리됐다. 1994년 7월 시작된 언론인 생활은 이렇게 29년 만에 마무리됐다. 이제 나의 과제는 건강과 여유였다.

3부

아침의 인물들

이번 순서에는 제가 기자 시절, 취재 현장에서 만나
〈박경수의 아침저널〉을 통해 인연의 깊이를 더한
인물들에 대한 이야기를 준비했습니다.
정치인·법조인·지방자치단체장 등
인품과 실력이 출중해 각 분야에서 존경을 받는 분들이지요.
쓰다 보니 이분들이 저와 함께한 아침의 시간을
어떻게 기억하고 계실지도 궁금해졌습니다.

유은혜 김근태재단 이사장

유은혜 이사장은 정치인 같지 않은 정치인이다. 큰누나 같은 넉넉함을 갖추고 주변 사람들을 배려하는 심성이 남다르다. 자신의 이해관계를 우선하기보다는 대의에 함께하는 데 익숙하다. 정치적 갈등보다 사회적 화해의 메시지가 강하다. 그래서 늘 만나고 싶어 하는 사람들이 많은지 모른다. 재선의 국회의원으로, 부총리 겸 교육부장관으로, 정치적 무게감이 더해지는 과정에서도 겸손하고 온화한 인간적인 모습에 변함이 없다. 은연중 고故 김근태 선생의 생전 모습이 느껴지는 이유다.

유 이사장을 처음 만난 건 지난 2004년, 민주당을 담당할 때였다. 당시 여의도 당사의 같은 층에 대변인실과 기자실이 함께 있었는데, 정치부 기자와 대변인실 당직자로 처음 인사를 나눴다. 이후 정치 현안에 대한 취재를 거듭하며, 또 만남을 이어가며 신뢰가 깊어졌다고 할 수 있다. 특히 유 이사장이 처음 총선에 도전한 2008년, 언론인으로서 추천사를 쓰게 되면서 관계가 돈독해졌다고 할 수 있다. 비례대표 국회의원에 도전하며 추천사를 써달라는 요청을 받았는데, 꽤 고민했었다. 취재기자가 바라본 정치신인에 대한 평을 써야 하는 셈이었는데, 객관적이면서도 감동적인 글을 써야 한다는 심적 부담이 만만치 않았다. 비교적 짧은 글을 쓰면서도 밤이 깊어갔다. 개인적으로 정성을 다했지만 비례대표와는 인연이 멀었다.

제19대 총선(2012)에 출마해 경기도 고양에서 처음 당선된 뒤에는, 때마침 시작된 〈박경수의 아침저널〉 시즌 I 의 사실상 정례 출연자가 됐다. 특히 정치인 섭외에 어려움이 있을 때 직접 연락하는 첫 번째 의원이었다. 인터넷을 뒤져보니, 2013년에만 열 달 동안 네 번의 방송 기록이 남아 있다. 초선으로 국회 교육문화체육관광위원회에서 활동하며 누리사업 등 교육 현안에 대한 입장과 국정교과서 등 정치쟁점에 대해 소신 있는 답변을 방송에 담아냈다. 특히 철도노조의 조계사 농성*에 대해 "저항 없는 민주주의는 없다"던 고 김근태 선생의 생전 발언을 강조했던 기억은 아직도 생생하다. 시즌II에서는 교육부총리의 바쁜 일정 탓에 한 번(2020. 8. 12.) 스튜디오 출연을 했었다. 코로나가 확산되는 엄중한 시기에 교육현장에 대한 방역계획을 소상히 설명했는데,** 아직도 방송 영상이 유튜브

* 1부 「크리스마스의 조계사 농성」 15~17쪽.

에 남아 있다.***

유 이사장은 내가 춘천으로 좌천됐을 당시 직접 전화를 걸어 안부를 묻던 몇 안 되는 정치인 가운데 한 분이다. 촛불혁명 이후 2017년 8월 서울로 복귀한 뒤에 바로 환영 만찬을 주재해주셨고, 2020년 2월 대학원을 졸업하던 날에는 부총리의 힘겨운 일정 속에서도 저녁을 함께하며 축하해주셨다. 시즌II 론칭을 기뻐해주신 것은 물론이다. 오랜만에 만나면 늘 근황부터 묻는 분이었지만, 지난해 말 송년회에서는 내가 언론계를 떠난 이유를 묻지 않았다.

나는 일찍이 사석에서 유 이사장을 평하며 '기대되는 여성 정치인'이라는 말을 자주 했다. 예상에 어긋나지 않게, 첫 여성 교육부총리이자 역대 최장수 교육부장관이라는 기록을 남겼다. 코로나의 어려움 속에서 대학입시를 안정적으로 관리하는 건 결코 쉽지 않은 일이었다. 그 공이 어설픈 정권교체에 묻혀버리는 현실이 안타까울 뿐이다. 어쩌면 김근태재단 이사장으로서 더 큰 과제를 남겨놓고 있는지 모른다. 지난 7월 독일 베

** http://news.bbsi.co.kr/news/articleView.html?idxno=3000029 유은혜 "2학기 코로나 대응'방역-학습-돌봄 안전망'강화"(2020-08-20 BBS 뉴스)

*** https://www.youtube.com/watch?v=TDpnWdqlfiY

유은혜 부총리 〈박경수의 아침저널〉 생방송(2020년 8월 12일)

故 김근태 선생 묘소 참배
(마석 모란공원묘지, 2023년)

대학원 졸업일 기념사진(2020년 2월)

를린 자유대학으로 연수를 떠나기에 앞서 전화를 주셨다. 책을 쓰고 있다는 말씀을 드렸다. 나는 유은혜 이사장님으로부터 정치인의 귀중한 덕목들을 배운다.

#코로나 시기 교육부의 대처

유은혜 "2학기 코로나 대응 '방역-학습-돌봄 안전망' 강화"

전례 없는 코로나19 감염사태로 전세계 105개 국가가 전면 휴

업상태인데도, 사상 첫 온라인 개학이나 등교와 원격수업 병행 등 성공적인 1학기 'K-교육'을 이끌었다는 호평을 받고 있는 유은혜 부총리 겸 교육부 장관.

유 부총리는 12일 BBS 〈박경수의 아침저널〉에 출연해 1학기의 성공경험을 바탕으로 2학기에는 전국 시도교육청과 함께 '방역과 학습, 돌봄' 3대 교육 안전망을 강화해 코로나19에 대응하겠다고 밝혔습니다.

먼저 '방역안전망 강화'를 위해 당장 9월과 10월 초중고 534만 명 전 학생들에게 무료 독감 예방접종을 실시하고 확진자를 위한 심리방역을 시행하겠다고 설명했습니다. (후략)

BBS, 박성용 기자, 2020-08-12

우상호 국회의원

우상호 의원은 대한민국 민주주의의 산증인이다. 우리 정치 민주화의 과정에서 그를 언급하지 않고 지나가기 어렵다. 1987년 6월 민주항쟁에서부터 2016년 촛불혁명에 이르기까지 격동의 현대정치사를 사실상 직접 써왔다고 할 수 있다. 현실 정치의 성과가 크지 않다는 비판에도 불구하고 그 의미를 과소평가할 수 없는 이유다. 이제는 총선 불출마를 선언하며 또 다른 차원의 정치 변화를 모색하고 있다.

우 의원과 직접 만나게 된 때는 2000년 제16대 총선을 앞둔 시기였다. 이른바 '바꿔' 열풍이 불던 총선을 앞두고서였다. 정치권에 영입된 당시 386 인사들과 기자들의 소규모 모임에서였는데, 정치 신인들과 젊은 기자들 간의 첫 만남이어서 어색하기도 했던 기억이 있다. 하지만 80년대 학번으로서 민주화의 경험을 공유하며 친근해졌고 특히 대학 선배인 우 의원과는 6월 민주항쟁의 기억을 나누고, 정치입문 과정과 포부 등 속내를 들으면서 가까워지는 계기가 됐다. 이후 취재·친목 등을 명분으로 만나 술잔을 기울이며 많은 얘기를 나누면서 선후배의 인연이 깊어졌다. 여러 고민과 중요한 결정 과정에서도 적지 않은 영향을 받아왔다고 할 수 있다.

그와의 인연은 〈박경수의 아침저널〉을 통해 더 깊어졌다. 특히 정치적으로 중요한 시점에 방송을 통해 파장이 큰 발언을 잇따라 내놓았는데, 재선이던 시즌 I 때와 달리 4선의 중진이 된 시즌II 시기에 더 두드러졌다. 시즌II 론칭 열흘 만에 출연해(2020. 5. 15.) '더불어민주당·열린민주당 통합'을 얘기한 것도 그렇고,* 앞선 글에서도 썼지만 전화 인터뷰(2020. 11. 17.)를 통해 사실상 서울시장 출마를 선언한 것은 더 그랬다.** 임종석 비서실장이 종로 보궐선거에 출마해야 한다는 인터뷰(2021. 10. 27.)***도 마찬가지였고 특히 대통령선거를 불과 하루 앞두고 선대위 총괄본부장으로서 출연해(2022. 3. 8.) '이재명·윤석열 후보 초접전 상황'****이라는 비공식 여론조사 결과를 내놔

* https://imnews.imbc.com/news/2020/politics/article/5772853_32626.html
우상호 "열린민주당과 통합, 자연스럽게 추진해야"(2020-05-15 MBC 뉴스)
** 2부 「더불어민주당 서울시장 경선토론회와 뉴스메이커」 49~56쪽.
*** http://www.sisajournal.com/news/articleView.html?idxno=226835
우상호 "서울 종로 보궐선거 與 후보로 임종석 유력"(2021-10-27 시사저널)

이한열 열사 영정을 든 우상호 연세대 총학생회장(1987년, 블로그)

대선 정국의 관심을 집중시킨 것은 하이라이트였다. 이튿날 0.73%p 차이라는 대선 결과로 방송 내용이 입증됐다.

〈박경수의 아침저널〉이 세간의 주목을 받을수록 고마운 마음이 커졌지만, 민감한 시점의 출연과 파격적인 발언 배경 등에 대해서는 사석에서라도 묻지 않았다. 언론인으로서 자칫 시사프로그램의 공정성과 이후 인터뷰에 부담이 될 수 있어서였다. 다만 후배의 방송을 도와주려는 선배의 속 깊은 배려임에는 틀림없다고 느꼈다. 실제 여당 중진 의원의 한마디가 정

**** https://www.joongang.co.kr/article/25053779
우상호 "공표할 수 없는 조사서 엎치락뒤치락 초접전"(2022-03-08 중앙일보)

서울시장 후보 경선토론회에서
우상호-박경수-박영선(2021년)

우상호 의원 방송 캡처(JTBC)

치적 파급력은 물론 그 발언을 전한 매체의 영향력까지 키운다는 것은 정치권과 언론계에서는 다 아는 사실이다.

언론사를 떠나 대학에 몸담은 뒤 우 선배를 만났다. 언론사를 떠난 배경과 앞으로의 계획 등에 대해 얘기를 나눴다. 총선 불출마의 계기에 대해서도 설명을 들었다. 전직 앵커로서 우 선배의 최근 타 방송 인터뷰가 인상적이었다고 평했다. 자신이 마음을 비워서 그런 것 같다는 자평이 이어졌다. 따뜻하고 인간적인 정치인이다. 대한민국 민주화에 한 획을 그은 정치인이다. 우상호 선배가 앞으로도 늘 시대정신과 함께하기를 바란다. 후배인 나 역시 그렇게 살아야 한다고 다짐한다.

#언론을 통해 본 우상호 의원

우상호 "열린민주당과 통합, 자연스럽게 추진해야"

더불어민주당 우상호 의원이 열린민주당과의 합당 문제에 대해 "새로운 당 지도부가 들어서면 통합을 자연스럽게 추진해야 된다고 생각한다"고 밝혔습니다.
우 의원은 오늘 BBS 라디오 〈박경수의 아침저널〉에 출연해 "이해찬 당대표는 선거 과정에서 열린민주당과 합당하지 않겠다는 공언을 여러 번 했기 때문에 지금 말을 바꾸긴 어려울 거"라며 이같이 말했습니다. (후략)

MBC, 조재영 기자, 2020-05-15

우상호 "서울 종로 보궐선거 與 후보로 임종석 유력"

우상호 더불어민주당 의원이 이낙연 전 민주당 대표의 의원직 사퇴로 내년 3월 대선과 함께 치러질 서울 종로구 국회의원 보궐선거에 출격할 여당 측 유력인사로 임종석 전 대통령 비서실장을 언급했다.
우 의원은 27일 BBS 라디오 〈박경수의 아침저널〉과의 인터뷰에서 "민주당이 추천할 수 있는 중량급 인사는 종로구에 거주하고 있는 분 중에서는 임 전 비서실장이 아무래도 좀 유력하다"고 언급했다.

그러면서 우 의원은 "종로 지역의 특성상 그 지역에 출마했던 분들은 대부분 대선 후보급에 굉장히 중량급 인사들을 선호하지 않느냐"며 "과거 이명박 전 대통령, 노무현 전 대통령이 다 종로구 국회의원 출신"이라고 설명했다. (후략)

시사저널, 박선우 객원기자, 2021-10-27

우상호"공표할 수 없는 조사서 엎치락뒤치락 초접전"

우상호 더불어민주당 총괄선대본부장은 20대 대통령선거 사전투표율이 역대 최고치를 기록한 데 대해 "일단 사전투표는 민주당 지지층들이 훨씬 더 많이 한다"며 "그것은 통설이다. 여전히 유효하다고 본다"고 말했다.

우 본부장은 8일 불교방송 라디오 〈박경수의 아침저널〉 인터뷰에서 "이재명 후보가 상대적으로 우위를 지키는 사전투표였다는 것은 부인할 수 없지만 이 높은 투표율은 윤석열 국민의힘 후보 지지층까지 참여한 높은 투표율이기 때문에 일방적으로 유리한 그런 구도는 아닌 것으로 보인다"고 해석했다.

여론조사 결과 공표 마지막 날까지 두 후보가 초박빙 흐름을 보인 데 대해선 "지금 공표할 수 없는 여론조사 결과들도 받아보고 있는데, 엎치락뒤치락하는 초접전 상태로 저희는 분석하고 있다"며 "초접전이기 때문에 마지막까지 집중력을 잃지 않는 쪽이 이긴다고 본다"고 말했다. (후략)

중앙일보, 정혜정 기자, 2022-03-08

고故 노무현 전 대통령

노무현 전 대통령을 그리워하는 건 나만이 아니다. 파란만장한 삶 속에서 민주주의에 대한 신념을 결코 굽히지 않았던 분이다. 1989년 전두환을 향해 국회의원 명패를 던지고 1990년 3당 합당에 맞서고 2002년 이른바 '노풍'을 통해 대권을 잡고 2004년 헌정사상 첫 탄핵을 뒤집고 2009년 스스로 세상을 등지기까지, 늘 정의의 편에서 서민의 편에서 힘써온 친근한 정치인이다. 영화 〈변호인〉(양우석 감독, 2013)이 1천만 관객을 넘어선 것도, 여론조사 때마다 역대 대통령 가운데 가장 높은 신뢰도를 기록하는 것도 고인의 삶을 기억하고 그리워하는 분들이 적지 않기 때문이다.

정치인 노무현을 처음 만난 건 지난 2001년 초여름. 여의도의 한 유명 설렁탕집 기자간담회에서였다. 정작 기자들이 별로 나오지 않아 서로 어색했던 기억이 있다. 해양수산부 장관을 마치고 여의도로 컴백해 민주당 출입기자들과 처음 만나는 자리였지만, 조찬인 데다가 당시엔 지지율이 미미했던 대선

다큐멘터리 영화 〈노무현입니다〉 중에서
카메라 기자 왼쪽 체크 무늬 셔츠 차림의 박경수 기자(2002년)

후보에 대한 언론의 호응도는 극히 낮았다. 하지만 나는 그에게 강하게 이끌렸다. 지금 생각해보면 시대정신에 대한 공감이 있었던 것 같다. 2002년 새천년민주당의 대선후보 경선 또한 그 시대정신이 승패를 갈랐다고 생각한다. 기자로서 가장 흥미롭고 감동적인 취재 현장이었다. 광주, 대구를 비롯해 고비마다 청중을 사로잡은 고인의 연설은 아직도 귀전을 울리는 듯하다. 대한민국 정치사에 길이 남을 2002년 민주당 경선은 훗날 다큐멘터리 영화 〈노무현입니다〉(이창재 감독, 2017)로 재생됐다. 거기에 내 모습도 잠시 등장한다. 고인의 기자회견 뒤로 수첩을 들고 받아 적던 낯익은 취재기자. 고인이 언론 국유화 의혹에 대한 이인제 후보 공격에 맞서던 내용으로, 2~3초의

노 대통령과 악수하던 모습(2005년)

짧은 시간에 내 젊음도 스쳐갔다. 나는 그 영화를 두 번 보면서 눈시울을 적셨다.

2004년 11월, 탄핵 논란이 마무리된 뒤 기자 출입처를 청와대로 옮겨 고인을 다시 만났다.* 해외순방을 위한 특별기 안에서 기자들과 일일이 악수를 나누면서 내게 던졌던 부산 억양의 한마디가 기억에 남는다. "청와대에 오래 있네요." 청와대 취재에 나선 지 한 달밖에 되지 않았는데 아마도 내 얼굴이 익숙해서 그렇게 말씀하셨던 것 같다. 여의도 설렁탕집에

* https://anchorpark.tistory.com
지구를 한 바퀴 돈 13박 14일의 해외순방 취재기 (2006-9)

노 대통령과 청와대 출입기자들(2006년)

서의 어색한 첫 만남에 대한 기억 때문이 아니었을까 짐작할 뿐이다.

2009년 5월 23일 토요일 아침. 충남의 한 바닷가 음식점에서 고인의 실종 속보를 접했다. 경제부 부서 MT를 마치고 해장을 하는 자리에서였다. 가슴이 미어졌다. 스스로 삶을 마감했다는 직감이 다가왔다. 고인이 대통령 재직 당시 애독했던 김훈 선생의 『칼의 노래』가 떠올랐다. 한 대목이다. "임금의 칼에 죽기 싫었던 그(이순신 장군)는 오직 자신이 수락하는 방식으로만 자신의 죽음이 다가오길 바랐다." 고인이 검찰

의 부당한 수사로 자신의 정치적 운명이 결정되기를 원치 않았다고 판단했다. 곧 내 직감은 현실의 슬픔으로 다가왔다.

이순신 장관이 역사 속에 국민 영웅으로 남았듯, 고인은 우리 마음에 영원한 대통령으로 남았다. 그 대통령을 곁에서 취재하며, 기사를 쓰며, 방송에 담아내며 지냈던 그 시절이 언론인으로서 가장 행복한 때가 아니었나 싶다. 시간이 지날수록 사무친다.

지구를 한 바퀴 돈 13박 14일의 해외순방 취재기

BBS 사보, 정치외교부 박경수 기자, 2006-09

노무현 대통령의 이번 해외순방은 13박 14일. 9월 3일 아침에 출국해 16일 밤에 귀국하는 강행군이었다. 비행시간만 해도 45시간, 거의 이틀 가까이를 비행기에서 지낸 셈이고 전체 이동거리를 계산해보니 18,500마일에 달했다. 건넌 바다만도 에게해와 발틱해 그리고 대서양, 태평양 등등. 시차도 최소 6시간에서 16시간이나 났다. 지구를 한 바퀴 돈다는 말이 지나친 말이 아니었음을 몸소 체험한 것이다.

노 대통령 해외순방의 하이라이트는 역시 부시 대통령과의 워싱턴 한미 정상회담이었는데, 그에 앞서서 아셈 정상회의 참석차 유럽을 찾았다. 첫 방문지는 발칸반도 남쪽 그리스. 그리스는 인류 문명의 발상지일 뿐만 아니라 포세이돈이 상징하는 해운의 나라였다. 에게해의 섬만도 수천 개에 달한다고 했다. 세계 선박왕 오나시스를 연상케 됐다. 그리스가 보유하고 있는 선박이 전 세계 선박의 19%에 달했다. 해수부장관이 대통령을 수행한 이유가 이해됐다. 우리나라와 그리스는 이번 노 대통령 순방과정에서 해운협정을 체결했는데, 너무 늦은 게 아닌가 하는 생각마저 들었다.

2박 3일간의 그리스 국빈방문을 마치고 찾은 두 번째 순방국은 루마니아. 독재자 차우체스코의 흔적이 곳곳에 남아 있는 저개발국이었다. 1인당 GNP 4천불이 말해주듯 경제적 상황은 그리 좋아 보이지 않았는데, 특히 길가에 돌아다니는 들개는 다소 위협적이라는 생각마저 들었다. 하지만 하늘은 맑았고 푸르른 들녘은 넉넉함을 안겨줬다. 청와대 출입기자들은 노 대통령의 일정을 나눠 취재하는 풀기자 제도를 운영하고 있는데, 내가 루마니아에서 풀기자로 선정돼 환영식에 참석하게 됐다. 루마니아가 푸근한 나라라는 인상을 받았다. 경제발전의 가능성이 곳곳에서 엿보였다. 사실 노 대통령이 루마니아를 찾은 것은 원자력발전소 건설공사를 수주하기 위한 것이었는데, 체르나보다 원전 3,4호기 건설사업을 따내기 위해 한국전력의 자회사인 한국수력 원자력이 노력하고 있었다. 국내 최초로 해외원전 종합건설사업에 참여하려는 것이었다.

남부유럽 그리스와 중부유럽 루마니아를 거쳐 북부유럽 핀란드에 도착한 것은 한국시간으로 7일 오후. 스칸디나비아 반도에 위치한 1인당 GNP 37,000불의 선진국이다. 하지만 오랜 세월 스웨덴과 러시아의 지배를 받아선지 뭔가 억눌린 듯한 느낌을 받았다. 하지만 날씨는 청명했고 도시는 지나칠 만큼 깨끗했다. 높은 소득수준을 느낄 수 있었다. 정상들에 대한 경호는 조용하면서도 단호했다. 핀란드의 수도 헬싱키는 국빈방문과 제6차 아셈 즉 아시아·유럽정상회의 관계로 5박 6일간의 가장 긴 체류지였다. 하지만 한미정상회담을 앞두고 있었던 만큼 노 대통령의 북핵 관련 발언으로 기자들은 팽팽한 긴장감을 느껴야 했다.

대서양을 건너 미국에 가는 것은 굉장히 드문 일이다. 유럽에서 미국으로 가야 했기에 어쩔 수 없었다. 미국에서는 역시 한미정상회담 기사 송고와 방송으로 정말 눈코 뜰 새가 없었다. 지난 2004년 청와대를 출입한 이후 미국을 방문한 것은 이번이 세 번째인데, 솔직히 가장 힘들었던 것 같다. 그것은 북핵문제가 그만큼 절박했고, 국내외 관심이 그만큼 높았기 때문이었다. 더욱이 워싱턴에 도착해 샌프란시스코를 이륙할 때까지 3박 4일, 그 기간 동안 침대에 누워 잠을 청한 것은 10시간이 채 되지 못했다. 서울과 13시간, 16시간의 시차가 나는 상황에서 아침, 점심, 저녁 방송을 연결하기 위해서는 불가피했다. 호텔에 마련된 프레스센터에서 새우잠을 자며 서로를 격려했다. 실제 한미정상회담이 열린 것은 한국시간으로 15일(금) 새벽이었는데, 워싱턴에서 아침, 점심 방송을 녹음하고, 샌프란시스코에서 저녁뉴스를 해야 하는 숨가쁜 상황이었다.

벌써 귀국한 지 2주가 지났다. 한동안 어색했던 시차와도 친해졌다. 해외 순방의 기억은 기사와 방송으로만 남아 있을 뿐이다. 하지만 뉴스파노라마 앵커를 맡으며 다소 소홀했던 취재에 활기를 되찾은 것은 무엇보다 큰 소득이다. 오늘도 청와대 춘추관으로 향한다. 취재기자는 늘 과거 못지않게 내일을 준비해야 한다는 신념을 가지고 말이다.

배금자 변호사

법조계는 내 언론인 이력의 절반을 차지할 만큼 취재와 기사로 손때가 묻은 영역이다. 검찰청과 법원, 변호사 사무실이 밀집된 서초동 법조타운이 내 고향 마포 못지않게 익숙한 까닭이다. 특히 서초동에서 대통령선거가 치러졌다는 평가를 받는 2007년과 국정농단 사건에 대한 특검수사가 이뤄진 2017년 모두 법조 취재를 이끌었으니 그 인연이 자못 깊을 수밖에 없다. 숱한 법조인과 범죄인을 만났고 그 경계선을 오가는 정치인들도 포토라인에서 볼 수 있었다. 그 가운데 가장 인상적인 법조인을 꼽는다면 배금자 변호사를 선택하는 데 주저함이 없다.

미국 하버드대 로스쿨 출신 여성 변호사로 공익 소송에 열정을 다해온 분이다. 담배 소송, 군산 성매매여성 화재참사 소송, 서울대 신 교수 성희롱 사건 등 주요 공익 소송에는 늘 배 변호사가 있었다. 특히 흡연과 폐암의 인과관계를 입증하기 위한 담배 소송은 대법원에서 최종 패소하기까지 무려 15년간

(1999~2014) 무료 변론을 이어가며 사회적 인식 변화에 큰 기여를 했다고 할 수 있다.

그 열정이 〈박경수의 아침저널〉 시즌Ⅰ과 시즌Ⅱ에 고스란히 담겼다. 2013년 시즌Ⅰ에는 대법원 판결(2014)을 앞두고 담배 소송에 쏟아붓는 열의에 찬 생방송이 이어지며 매주 수요일 아침을 뜨겁게 달궜다. 스튜디오에 가득했던 열정이 정말 대단했다. 2020년 시즌Ⅱ에는 화요일마다 주로 대법원 판례를 다뤘는데, 국민건강보험이 담배회사로부터 패소한 1심 판결(2020. 11. 20.)을 '반문명적 판결'이라며 성토했던 기억은 아직도 생생하다.* 흡연과 폐암의 인과관계조차 인정하지 않은 우리 법원 판결에 대한 문제제기였다. 배 변호사는 언론의 시야에서 벗어난 재판에 대해서도 관심을 놓지 않았다. 박근혜 정권의 부정부패 사건에 대해 재판 진행상황을 꼼꼼히 방송에 담은 것은 인상적이었다. 방송에 임하는 자세는 그야말로 모범적이었다. 방송 전에 미리 원고를 보내줘서 앵커의 이해력을 높였고, 방송 중에는 궁금증이 담긴 내 즉흥 질문에도 상세히 답변하며 청취자들의 이해력을 끌어올렸다. 어려운 법률

* http://news.bbsi.co.kr/news/articleView.html?idxno=3012665
배금자 변호사 "건보공단 패소한 '담배소송' 1심, 반문명적인 판결"
(2020-11-24 BBS 뉴스)

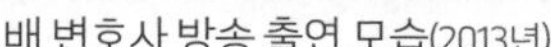

배 변호사 방송 출연 모습(2013년)

배 변호사와 박경수 앵커(2020년)

문제에 쉽게 접근할 수 있는 방식이었다고 판단된다. 그래서 스튜디오에서 만날 때마다 실제 법정에 출정하는 모습이 조심스레 그려졌다.

이채로운 것은 시즌Ⅱ에 부부가 각기 출연하게 됐다는 거다. 배 변호사의 남편은 나승렬 전 농림부 대변인이다. 은퇴한 뒤 통일을 기원하는 시민모임인 통일미래포럼 사무총장을 맡았는데 시즌Ⅱ 내내 금요일 3부(08:30~08:55)를 책임지며 북한산 등의 역사 이야기를 전해주셨다. 반응이 좋았다. 부창부수夫唱婦隨였다. 나는 지난 2012년, 배 변호사가 대법관이 되기를 바랐다. 대법관 남녀 구성에 대한 비판이 계속되는 상황이었기에 소수 약자의 목소리를 대변할 여성 대법관으로 손색이 없다고 판단했다. 숱한 공익 소송의 사회적 역할이 이를 반증하고 있다고 믿었다. 현실적으로는 소비자단체들의 지원이 한몫을 했다. 하지만 양승태 대법원장 시절이었는데, 대법관의

배 변호사와 나승렬 사무총장(2023년)

현실적 문턱은 높았다. 지금 생각해도 아쉽기만 하다. 이후 배 변호사는 칼럼집 『정의는 이긴다』(책넝쿨, 2015)를 통해 사회적 메시지를 전하는 동시에 의미 있는 소송에 힘을 더했다. 얼마 전 만난 배 변호사의 모습은 여전했다. 앞으로 어떤 사회적 기여에 나설지 궁금하기만 하다. 나는 배 변호사님에게서 약자와 정의에 헌신하는 용기를 배운다.

#언론에 담긴 배금자 변호사

배금자 변호사 "건보공단 패소한 '담배 소송' 1심, 반문명적인 판결"

15년 넘게 진행된 담배 소송을 이끌어온 배금자 변호사가 국민

건강보험공단 측이 담배 회사를 상대로 낸 소송이 1심에서 패소한 것에 대해 "대법원 판결을 베낀 형편없는 판결"이라고 비판했습니다.

배금자 변호사는 오늘 BBS 라디오 시사프로그램 〈박경수의 아침저널〉에 출연해 담배 소송 판결의 문제점을 지적하며 "암의 종류조차 구분 못한, 대법원의 판례조차 제대로 이해하지 못한 판결이며, 과학계의 엄연한 지식을 부정하는 반문명적인 판결"이라고 지적했습니다.

[배금자 변호사 /11월 24일 BBS 〈박경수의 아침저널〉] : "양승태 대법원장 시절에 건보공단 담배 소송 재개를 앞두고 한 번도 공개변론 없이 급작스럽게 그냥 상고 기각해버린, 판례 가치도 없는 그 판결을 6년이 지난 지금 이 중차대한 소송의 판결문을 거의 복제하다시피 베끼다시피 판결한 형편없는 판결입니다." (후략)

BBS, 류기완 기자, 2020-11-24

강일원 전 헌법재판관

"장점은 많지만 단점이 거의 없다는 게 법조계의 중론이다."

고위 법관 인사 때마다 언론 기사에 한결같이 실리는 평이다. 지난 8월 대법원장 물망에 올랐을 때도 마찬가지였다. 강일원 전 헌법재판관에 대한 얘기다. 2016년 12월, 당시 박근혜 대통령 탄핵 심판 사건의 주심을 맡으면서 세간에 널리 알려졌다. 특히 이듬해 3월 재판관 전원일치의 탄핵 결정으로 정치적 논란이 줄어들면서 주심의 긍정적인 역할이 조명받았다. 하지만 전부터 법조계에서 그는 인품과 실력을 모두 갖춘 법관으로, 존경받는 선·후배로 자리매김해 있었다.

강 판사를 처음 만나게 된 때는 2007년 8월 광복절이 지난 어느 날, 방송 인터뷰를 위해서였다. 법원행정처 사법정책실장으로 '국민참여재판'을 준비하고 있었기에 언론의 주목을 받는 인물이었다. 바쁜 일정 속에서도 인터뷰 요청에 선뜻 응해주셨고 대법원 자신의 사무실에서 인상적인 녹음을 하게 됐다. '인상적'이라는 표현을 쓴 것은 준비된 답변서 없이 단번

농민화가 길종갑 선생이 그린 헌법재판소 전경(2017년)

에 인터뷰를 마쳤기 때문이다. 물론 사전에 질문지를 보내긴 했지만, 답변에 대한 짧은 메모도 없이 방송에 응한 사례는 거의 없었다. 더군다나 앵커인 내가 오독하는 바람에 두 번 녹음했을 뿐, 인터뷰이의 잘못이 없었으니 10분이 채 안 돼 녹음은 끝났다. 평온한 표정으로 쉽지 않은 내용들을 어렵지 않게 설명해나갔다. 실력이 남다르다는 주변 분들의 평가를 확인하는 순간이었다. 기억에 강하게 남았다. 블로그*에 방송 내용을 올

* https://anchorpark.tistory.com/
강일원 법원행정처 사법정책실장 인터뷰, 2007-08-27

려놓고, 이따금 당시 인터뷰를 다시 들으며 미소 짓곤 했다.

그날 이후 강 판사를 가끔 뵙게 됐다. 그 시작은 인터뷰 뒤풀이였지만, 궁금한 개인사는 물론 법관들의 생각, 판결문에 담기지 않는 판결의 배경 등이 화제가 됐다. 물론 오프더레코드를 지키는 선이었다. 취재기자로서의 내 욕심만 채우는 듯싶었지만, 언론인이 바라보는 주요 쟁점 현안에 대한 시각과 판단이 그에게도 관심사가 아니었을까 싶다. 어느 자리에서인가 '여론'의 중요성을 언급한 적이 있고, 언론인이 바라보는 세상사가 궁금하다고 얘기한 적도 있어서다. 엘리트 법관의 넓은 세계관을 엿볼 수 있는 대목이다. 취재와 만남은 신뢰를 키웠다. 헌법재판관이 되신 뒤에도 만남은 이어졌고 늘 나를 배려해 마포로 오시는 경우가 잦았다.

기억에 남는 만남이 있다. 2017년 6월 어느 금요일 저녁. 헌법재판소의 대통령 탄핵 결정으로 새 대통령이 선출된 직후였다. 압구정동에 소박한 보쌈집이 있다는 것을 그때 처음 알았다. 구미를 당기는 기름향에 얼큰한 취기가 지금도 느껴진다. 특히 이름 모를 한 손님이 우리 테이블로 쪽지와 함께 보쌈을 보내면서 압구정동에서의 잊지 못할 추억으로 남았다. "강일원 재판관님 팬입니다. 맛있게 드세요." 그 쪽지의 감동을 잊지 못한다. 나는 민의民意를 전해야 한다는 생각에 그해 추석 「강일원 헌법재판관과 보쌈'이라는 제목의 칼럼을 썼고」* 당시

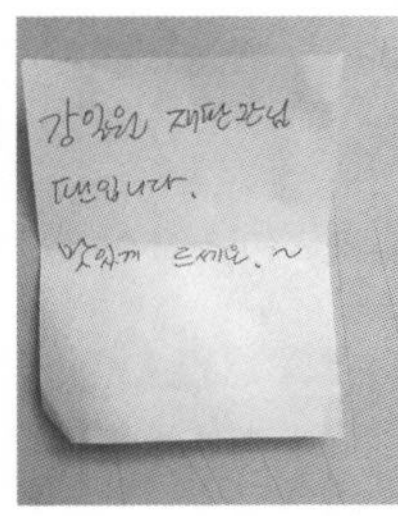

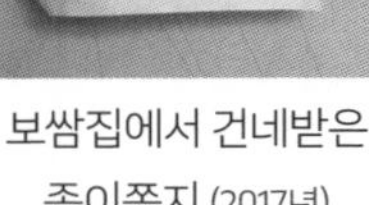

보쌈집에서 건네받은 종이쪽지 (2017년)

음식점에서 찍은 사진 (2023년)

급증하던 인터넷 클릭 수에 다시 한번 엄중한 민의를 느꼈다.*

강일원 전 재판관은 자리에 대한 욕심을 가장 경계한다. 고위 법관이 되고 싶은 마음이 생기는 순간, 이미 판사가 아니라고 얘기하신다. 어떤 형태로든 판결에 영향을 줄 수 있다는 걱정 때문이다. 실제 대한변호사협회가 자신을 대법관으로 추천했을 때 자신도 모르게 욕심이 생기자 판사를 그만두고 싶었다고 토로한 적이 있다. 헌법재판관이 된 것은 여야 정치권의 합의로 추천을 받은 드문 케이스다. 나는 강 재판관님에게서 성직자의 경건함을 느낀다. 어릴 적부터 믿어온 가톨릭의 영향 때문인지도 모르고 법조인으로서의 소명의식 때문인지도 모른다. 정치권력에 도전하는 판사, 검사들이 난무하는 시절

* http://news.bbsi.co.kr/news/articleView.html?idxno=844386
강일원 헌법재판관과 보쌈 (2017-09-26 BBS 뉴스)

이기에 더 그렇게 느끼는지도 모르겠다. 지난 8월 신임 대법원장 인선 직전에 만난 자리에서도, 대법원장 가능성을 묻는 조심스러운 질문에 같은 기조의 답변을 되풀이하셨다. "자리에 대한 마음이 생기는 순간 이미 판사가 아닙니다."

강일원 헌법재판관과 보쌈

BBS 칼럼, 박경수 사회부장, 2017-09-26

격동의 시절을 보내고 맞은 지난 6월의 어느날. 유달리 퇴근을 서둘렀건만 지방에 있던 나로서는 어쩌면 늦는건 당연했다. 약속시간을 조금 넘어섰지만 마음이 급했다. 숨가쁜 역사의 한복판에서 의연히 판결을 내렸던 분을 뵈러 가는데도 퇴근길은 예외없이 혼잡했다. 어렵사리 도착한 서울의 최고 번화가 압구정동에 소탈하고도 정겨운 칼국수집이 있다는 것을 그때 처음 알았다. 넓지 않은 홀과 방에 빈 테이블이 없을 만큼 손님들로 빼곡했다. 그 방 한쪽 구석에 작은 상을 앞에 둔 지인 셋이 보였다. 반가운 마음에 뛰어 들어가며 손을 맞잡고 인사를 드렸다. 많이 늦지는 않은 탓에 해물파전은 온전했고 보쌈은 손도 대지 않았다. 막걸리도 넉넉했다. 시원한 막걸리를 함께 들이키며 못다 한 정담을 하나하나 풀어갔다.

강일원 헌법재판관을 처음 만난 것은 지금으로부터 10년전. 그러니까 2007년 6월이다. 법원행정처 사법정책실장을 맡고 계셨다. 당시는 이용훈 대법원장 재임시절 사법개혁이 추진되고 있을 때였고, 그 가운데 핵심이라고 할 수 있는 '국민참여재판'의 시범실시를 앞두고 있었다. 실질적인 준비를 해온 분을 인터뷰하는 건 너무도 당연했다. 앵커로서 처음 현직 판사를 인터뷰했다. NG 한 번 없었다. 논리가 명쾌했고 따뜻한 설득력이 느껴졌다. 그게 인연의 시작이었다. 그 뒤로 취재와 만남을 이어가며 신뢰가 깊어졌다. 하지만 궁금증도 커졌다. 흔히 보수로 분류하는 안팎의 환경을 갖추고 있었기에 이 엘리트 법관의 '서민적'이고 '개혁적'인 생각을 이해하기는 쉽지 않았다. 법조계 안팎에서 그분을 싫어하는 분을 만나기도 쉽지 않았다. 여야 합의로 헌법재판관에 추천된 이유가 아닐까 싶다.

6월의 그날 저녁, 다들 보쌈에 손을 대지 못하는 이유가 있었다. 우리가 시킨 안주가 아니라 홀에 있던 다른 손님이 보낸 거였기 때문이었다. 뒤늦게 도착해 이를 선뜻 믿지 못하던 나는 조그만 쪽지를 보고서야 고개를 끄덕였다. "강일원 재판관님 팬입니다. 맛있게 드세요." 훈훈한 필체였다. 한동안 머뭇거리던 재판관께서 인사를 해야겠다며 그 이름 모를 손님을 찾았지만 너무 늦었다. 이미 계산하고 떠난 뒤였다. 지인들 서로 아무 말도 하지 않았지만 그 보쌈에 담긴 의미는 알고 있었다.

소박한 음식점에서 만난 소중한 추억. 거기에 민의民意가, 역사歷史가 담겨 있다. 나는 그 뒤로 보쌈을 볼 때면 그날의 추억이 떠오른다. 그리고 좋은 분들을 만날 때면 보쌈이 그리워진다. 올해 추석이 지난해보다 여유로운 건 그 보쌈이 있기 때문이다.

배종찬 여론조사 전문가

배종찬 인사이트K 연구소장은 자타가 공인하는 최고의 여론조사 전문가다. 여론의 흐름을 읽고 조사 데이터를 분석하는데 탁월하기 때문인데, 매스컴에서도 자주 눈에 띈다. 머리를 곧추세운 남다른 풍모에 재치 있는 표현력 등을 두루 갖춰 방송 재능이 남다르다는 평가를 받는다. 지난여름부터는 KBS 시사프로그램 진행을 맡았다. 여론조사 전문가에서 방송 패널을 거쳐 시사프로그램 진행까지, 자신만의 전문 영역을 토대로 서서히 외연을 넓혀가고 있다는 생각이 든다.

배 소장과의 인연은 2013년 〈박경수의 아침저널〉 론칭과 함께 시작됐다. 그 이전에는 개인적으로 일면식도 없었지만, 이후 오랫동안 방송을 함께하며 가까운 선후배가 됐다. 특히 시즌Ⅰ과 시즌Ⅱ를 통틀어 매주 출연자는 배 소장이 유일할 만큼 나와 사실상 방송 여정을 함께했다고 할 수 있다. 매주 수요일 아침, 여론의 추이를 짚어보는 코너에 빠짐없이 개근한 출연자였다. 총선일·지방선거일·대선일은 물론 설 연휴도 마찬

배종찬 소장 방송 캡처(2020년)

가지였다. 배 소장과 함께한 고정 정치 패널만도 여러 명으로 기억된다. 황태순 시사평론가, 허성우 평론가, 최창렬 용인대 교수, 김홍국 시사평론가, 전예현 평론가, 박명호 동국대 교수 등등. 실력과 인품을 모두 갖추다보니 방송에서 날카로움과 함께 훈훈함도 느껴졌다. 게다가 유력인사들의 성대모사까지 덧붙여 느닷없는 웃음을 유발했다.

시즌Ⅱ에는 생방송임에도 사전 질문지가 필요 없을 정도로 능란했다. 염화미소拈花微笑라고나 할까? 눈빛만 봐도 무엇을 물어올지 다 알고 있는 듯 편하게 답변을 하니, 진행자인 나도 수요일만큼은 긴장감 없는 힐링의 시간이었다. 청취자들의 반응도 점점 뜨거워졌다. 배 소장이 출연하는 방송을 따라다니며 듣고 보는 마니아들이 있는 게 아닌가 하는 생각이 들 정도였다. 시즌Ⅰ 당시만 해도 수요일 방송이 끝난 뒤 콩나물국밥을 함께 먹는 경우가 종종 있었는데, 시즌Ⅱ에서는 타 방송 출연을 위해 바쁘게 이동하는 경우가 대부분이었다. TV 채널을 돌리다보면 쉽게 만날 수 있는 그를 실제로 만나기는 쉽지 않아 인기를 실감하게 됐다. 그 인기는 대학원 재학 시에도 확인할 수 있었는데, 어느 날 일일 교수로 불쑥 강단에 올라와 학생인 나를 놀라게 하기도 했다.

지금은 시·청취자 입장에서 배 소장의 방송을 접하는데, 뭔가 감칠맛 나는 재미 속에 여론의 핵심을 담아내는 솜씨에 놀란다. 대단하다고 생각한다. 그러기에 배 소장의 개인적인 조언은 거의 정답에 가깝다. 객관적인 시각에서 여론의 흐름을 반영한 인간적인 조언이기 때문이다. 신뢰도와 함께 휴머니티가 높다고 할 수 있다. 중요한 고비마다 내게 해주던 얘기도 그랬다. 시즌 I 이 끝나고 지방으로 좌천됐을 때도 그랬고, 시즌 II 를 마무리하며 언론계를 떠날 때도 그랬다. 만날 때면 방송에 지쳐 졸기 일쑤였지만, 뭔가 도움을 주려고 애쓰는 후배다. 난 그가 있기에 어려운 결정을 내릴 때도 내심 든든하기만 하다.

배종찬 소장(2014년)

배 소장-박경수 앵커-허성우 시사평론가(2021년)

성한용 한겨레신문 선임기자

30년 가까이 언론에 몸담으면서 기억에 남는 언론인을 꼽으라면 누구보다 언론계 대선배인 성한용 선임기자를 선택하는데 주저함이 없다. 늘 올곧은 생각을 말하고 전하는 일을 필생의 업으로 삼고 있는 분이다. 국민의힘은 물론 민주당 인사들도 조심스러워할 만큼 민주주의에 역행하는 정치에 대해서는 날카로운 필봉을 휘두른다. 편집국장을 지낸 뒤에도 노트북을 들고 현장을 누비는 영원한 청춘 언론인이다.

성한용 선배와 가깝게 지내기 시작한 것은 지난 2003년. 참여정부가 출범한 뒤 여당인 열린우리당이 만들어지던 무렵이다. DJ 정부에서 청와대를 출입했던 선배기자와 2002년 이른바 '노풍盧風'을 경험한 후배기자 등이 취재·친목을 명분으로 가끔 만나기 시작하면서부터다. 그러다 2013년 3월 〈박경수의 아침저널〉이 론칭하면서 첫 정치 패널로 출연해 1년 동안 방송을 함께하며 인연이 깊어졌다. 당시 성 선임기자에게 출연을 청한 것은 앞선 진행자의 보수 편향을 바로잡아 방송의 중

방송 출연 중인 모습(2013년)

성한용-박경수-배종찬(2014년)

립성을 제고하기 위함이었다. 진보 언론인의 상징적 메시지가 필요했다고 할 수 있다. 시즌 I 방송이 뜨게 된 데는 성 선배의 역할이 컸다고 솔직히 자평한다. 성 기자는 당시 "자네 형과의 인연으로 방송 요청을 수락한 거야."라고 말하곤 했다. 내 형님은 박찬수 한겨레신문 대기자로, 성 기자와 각별한 선후배 사이다.

〈박경수의 아침저널〉 매주 월요일 아침 8시는 성 기자의 고정 출연시간. 출근시간대에 자신의 집인 경기도 광명에서 방송국이 있는 마포까지 오기가 녹록치 않았을 텐데, 생방송에 한 번도 늦은 적이 없다. 땀을 닦고 스튜디오를 들어오는 모습에서 마포역부터 급히 뛰었다는 사실을 짐작할 뿐이었다. 더군다나 출연료가 그리 많지 않은데도 조금도 내색을 하지 않으셨다. 특히 정치 아이템 하나라도 소홀히 하지 않는 진중함에 늘 고개가 숙여졌다. 보수 패널인 허성우 평론가와 함께 출연해 토론을 벌였는데, 격론 없이 중지를 모아가는 모습이 인상적이었다. 여야 정치인들이 사사건건 서로 싸우는 것을 가장 안타까워하셨다. 훗날 허 평론가가 윤석열 정부 청와대에 픽업되자 축하해주셨다. 아마도 보수 정치권에 착근하지 못하는 허 평론가 모습을 평소 안타까워했기에 그랬던 것 같다.

성한용 기자는 우리 프로그램 애청자들에게는 '효자'로 기억되는 이름이기도 하다. 재미있는 일화가 있다. 연일 열대야에 힘겨워하던 2013년 8월 초 월요일 아침, 스튜디오에서 만난 두 분에게 더위와 피서에 대한 질문으로 방송을 시작했던 기억이 있다. 허 평론가는 매일 밤 에어컨을 켜고도 잠을 못 이룬다고 답한 반면 성 기자는 더위를 견디고 있다고 답했다. 에어컨을 안 트시냐고 가볍게 물었더니, 에어컨은 어머니 방에만 있다고 답한 것이다. 그날 이후 청취자 문자 게시판에서 '성한용=효자孝子'였다. 그의 어머니는 2년 전 세상을 떠나셨다. 코로나 정국에 마스크를 쓰고 영등포 빈소를 찾았고, 절을 두 번 올렸다. 위로를 나누며 앞의 일화를 거론하자 부부가 조용히 미소 짓던 모습이 떠오른다.

지난해 내가 언론계를 떠날 때는 몹시 안타까워해주셨다. 나는 "선배가 언론계를 굳건히 지켜주고 계셔서 편하게 떠난다"고 말했다. 지금은 인천 영종도로 이사를 가 마포와 멀어졌지만 앞으로도 늘 인생의 길잡이가 되어주실 선배님이다.

박지원 전 국정원장

박지원 전 국정원장은 고故 김대중 전 대통령의 최측근으로 지금도 현실정치를 이어가고 있는 거의 유일한 정치인이다. DJ의 정치적 맥을 잇는 호남 정치인을 꼽으라고 하면 첫 손가락에 꼽을 수밖에 없다. 국회의원 4선·대통령 비서실장·청와대 수석·문체부장관·국정원장 등 굵직한 이력으로 정치 9단 입신의 경지에 올랐다는 평을 듣는다. 반면 구시대 정치인이라는 상반된 평가도 있다. 그럼에도 팔순의 나이가 무색할 만큼 강연과 방송 출연에 열정을 다하면서 일찌감치 내년 총선 출마를 선언했다. 정치권의 최고 뉴스메이커다.

박 전 원장과의 인연은 지난 2011년 10월로 거슬러 올라간다. 아버지가 돌아가셨을 때 빈소인 서울대병원 장례식장을 찾아 꽤 오랫동안 계셨다. 옛 청와대 출입기자와 공보수석이라는 형님과의 인연으로 이해했으나, 그것만이 아니라 사실은 뿌리 깊은 종친임을 뒤늦게 알게 됐다. 앞선 글에서도 언급했듯 청재공 박심문 어르신의 자손이었던 것이다.* 1453년 계유

정난癸酉靖難 당시 어르신은 세조의 쿠데타에 반발하다 곡기를 끊고 자진하셨고, 그 첫째 아들은 전남 진도로, 둘째 아들은 경북 예천으로 각기 유배된 것으로 전해지고 있다. 그러니까 우리 가족은 예천이, 박 전 원장 가족은 진도가 각각 고향이 된 이유였다. 아무튼 워낙 중량감 있는 정치인이셔서 자주 뵐 수는 없었지만, 아버지가 돌아가신 뒤 이따금 안부를 묻고 기회가 되면 식사를 함께 하며 먼 친척으로의 연을 이어오게 됐다.

인연이 더 깊어진 것은 2013년 〈박경수의 아침저널〉이 시작되면서부터다. 틈틈이 출연해 시사프로그램의 영향력을 키워주셨다. 박 전 원장은 시즌 I 의 단골 출연 정치인 가운데 한 분이었다. 특히 시의적절한 출연 시점을 직접 선택하셨는데, 정국의 흐름을 가르는 파격적인 발언을 내놓으셨다. 내가 시간이 흐를수록 유력 정치인들과 스스럼없이 인터뷰할 수 있게 된 배짱은 어쩌면 원장님과의 생방송을 통해 쌓인 자신감에서 비롯된 것인지 모른다. 생방송을 앞두고서는 긴장하기 마련인데, 솔직히 걱정이 크지 않았다. 보이지 않는 유대감이 주는 편안함 같은 것이 있었다. 원장님도 비슷한 마음이 아니었을까 미뤄 짐작한다. 보이지 않는 격려도 많았다. 2013년 12월 박근혜 정권 당시 이경재 방통위원장의 경고**로 힘들게 됐을 때,

---

* 1부 「봄내골에서의 2년」 22~27쪽.

SNS를 통해 대중들의 지지를 이끌어주셨다.* 아침 방송 중에 인터넷에 올라온 청취자 문자를 통해 뒤늦게 알게 됐다. 내 이름을 거론하며 "탄압받는 시사프로그램을 도와줘야 한다"고 SNS에 올려주신 것이다. 춘천에 좌천됐을 때도 음으로 양으로 격려를 전해주셨고, 서울로 컴백해 보도국장이 되고 시즌Ⅱ를 시작할 때도 마찬가지였다. 사모님이 돌아가시고 힘든 상황이었는데도 격려를 잊지 않으셨다.

시즌Ⅱ의 가장 큰 격려는 역시 박 전 원장의 인상적인 첫 출연이었다. 2020년 6월 17일. 북한이 전날 남북 연락사무소를 폭파하면서 한반도 정세가 급속히 경색되던 시점. "북한이 전쟁은 하지 못할 것"이라며 국민을 안심시키는 동시에 남·북·미 정상회담의 필요성을 강조해 언론의 주목을 받았다.*** 당일 낮에는 문재인 대통령과의 청와대 원로 오찬에 참석하셨고

** 1부 「'유사보도'란 무엇인가」 18~21쪽.

*** https://newsis.com/view/?id=NISX20200617_0001063326&cID=10301&pID=10300
박지원 "北 국지적 군사도발 예상…전쟁은 하지 못할 것"(2020-06-17, 뉴시스)
https://www.khan.co.kr/politics/politics-general/article/202006171050001
박지원 "북, 국지적 군사 도발 있을 수 있으나 전쟁은 일어나지 않을 것"(2020-06-17, 경향신문)

박지원 전 국정원장(2023년 토마토 뉴스 강연)

이후 곧바로 국정원장에 내정됐다. 그날 인터뷰도 전날 원장님이 직접 요청한 것이었지만, 평소보다 늦은 요청에 생방송 콘티를 조정하느라 어려웠던 기억이 있다. 그런 배경의 시즌 II 첫 인터뷰는 곧 마지막이 됐다. 현직 국정원장으로서 더이상 방송에 출연할 수 없었기 때문이었다.

박지원 전 국정원장은 최근 DJ 정신을 많이 애기하신다. 강연의 주제도 '지금 DJ라면…'이다. '지금 DJ라면 현 시국에 어떤 말씀을 하시고 행동했을까'를 매일 아침 생각한다는 게 박 전 원장의 애기다. 그렇기에 방송과 강연의 울림이 더 큰지도 모른다. 민주당 이재명 대표에 대한 검찰 수사에 대해서도, 윤석열 대통령의 이동관 방통위원장 임명에 있어서도, 일본 후쿠시마 오염수 방류와 어민 피해에 대해서도, 경색된 남북관계와 주변국 관계에 있어서도 박 전 원장님의 주장에는 혼魂이 담겨 있다. 고故 김대중 전 대통령이 함께하고 있는 듯 다가온다. 어려운 시절 대한민국에도, 민주당에도, 내게도, 늘 튼튼한 버팀목이 되어주실 분이다.

#언론이 전한 박지원 전 국정원장

박지원 "北 국지적 군사도발 예상…전쟁은 하지 못할 것"

박지원 단국대 석좌교수는 17일 북한의 전날 개성공단 남북공동연락사무소 폭파 이후 전개될 도발수위와 관련, "국지적인 군사도발은 예상하고 있지만 (북한이) 전쟁은 하지 못할 것"이라고 예상했다.

박 교수는 이날 BBS 라디오 〈박경수의 아침저널〉에 출연해 "또 다른 군사적 도발 가능성이 있지 않을까 걱정이 커지는데 이 부분은 어떻게 보나?"라는 사회자 질의에 이같이 답변했다.

박 교수는 "전쟁은 하지 못할 것이다. 미국이 무섭고"라며 "미국에서 하지 못하게 하니까 전쟁은 없겠지만"이라고 설명했다.

다만 "특사 파견도 거부하는 등 (북한이) 대화 자체를 거부하고 있다. 그래서 암담하다"라고 우려했다.

북측은 앞서 전날 오후 남북공동연락사무소를 폭파한 데 이어 이날 비무장지대 감시초소(GP)에 병력을 전개하고 남북 접경지

역에서 군사훈련을 재개하겠다고 선언했다. (후략)

뉴시스, 박영환 기자, 2020-06-17

박지원 "북, 국지적 군사 도발 있을 수 있으나 전쟁은 일어나지 않을 것"

박지원 전 민생당 의원은 17일 "북한이 추후 금강산 관광시설 폭파나 국지적 군사 도발이 있을 수 있지만 전쟁이 일어나지는 않을 것"이라고 말했다. 박 전 의원은 이날 BBS 라디오 〈박경수의 아침저널〉과의 인터뷰에서 "특사 거부와 개성·금강산 군대 재배치 등 최근 북한의 조치로 향후 상황이 매우 우려된다"며 이같이 밝혔다. (중략)

박 전 의원은 북한이 특사 파견을 거부하는 등 대화 자체를 거부하고 있는 상황을 우려하면서도 지속적인 대화의 중요성을 강조했다.

그는 이날 자신의 페이스북에 "문재인 대통령께서 북한에 특사 파견을 통보한 것은 아주 잘한 일"이라며 "이에 대해 김여정 제1부부장이 거절한 것은 아주 잘못한 일"이라고 밝혔다.

박 전 의원은 "북한은 심각한 경제난에 처해 있고, 트럼프 대통령은 재선 가능성이 불투명하며, 문재인 대통령도 주요 업적인 남북관계 경색으로 세 정상 모두 위기상황에 처해 있다"며 "오

히려 이런 위기가 대화의 기회일 수 있으므로 잘 활용해야 한다"고 말했다. (후략)

경향신문, 노정연 기자, 2020-06-17

박홍섭 전 마포구청장

지난 20세기에만 해도 마포에는 남북을 가르는 오래된 철길이 있었다. 공덕동에도 대흥동에도 연남동에도 그랬다. 중학교 담임선생님은 종례시간에 철길에서의 안전을 당부했다. 등하교 때마다 이따금 굉음을 내며 지나는 화물열차 때문에 서둘러 철길을 건너며 마음을 졸였다. 그 화물열차에는 주로 석탄이 실려 있었고, 신촌 인근 집하장에 이를 모두 쏟아냈다. 남산만큼이나 높이 쌓인 검은 언덕은 마포의 어두운 표정이기도 했다. 바람 부는 날이면 탄가루가 꽤 날렸다. 외지인들은 공덕동 로터리 철길에 내걸린 대형 간판을 보며 권위적인 국가행사의 위상을 느낄 뿐 그 철길의 명암을 제대로 알지 못했다. 그 녹슨 철길이 바로 경의선이었다.

숙부님은 남북관계의 복원을 희망하며 경의선의 역사적 의미를 강조하셨다. 특히 경의선 철길이 지역 생활권의 통합을 저해할 뿐만 아니라 주거환경에도 보탬이 되지 못한다며 안타까움을 토로하시던 기억이 있다. 그 관심과 고민은 2002년 구

경의선숲길

청장에 처음 당선되며 변곡점을 맞게 됐다. 당시 코레일이 경의선 전철화를 추진하면서 철길 위 고가철도 건설을 계획하자 구청장이 지역 주민과 함께 반발하고 나선 것이다. 연남동과 동교동에서 시작된 고가철도 반대 투쟁은 신수동, 대흥동 등으로 번졌고 코레일 본사 대전에서 원정 시위가 벌어지기도 했다. 결국 마포 국회의원들의 협조 속에 주민들의 요구는 받아들여졌다. 경의선을 지하에 건설하기로 수정된 것이다. 하지만 그게 끝은 아니었다. 사라지는 지상의 철길을 공원으로 조성하려는 노력이 시작된 것인데, 숙부님은 이른바 '경의선 숲길 플랜'을 서울시와 코레일에 제안해 끝내 관철해냈다. 지

만리배수지 공원

밤섬공원

쌍룡산어린이공원

양화진 성지

상의 폐철길을 숲이 우거진 공원으로 마포 구민들에게 돌려준 것이다. 공덕동 철길이 역사 속에 사라지던 2006년 초, 구민들은 KBS 9시 뉴스에서 구청장의 밝은 인터뷰를 볼 수 있었다.

숙부님은 2016년, 경의선숲길이 완성된 뒤에도 늘 그 길을 걷고 또 걸으면서 도로로 인해 산책의 흐름이 끊어지지 않기를 바랐다. 서강대역 인근 신촌로에 구름다리가 만들어지고, 대흥동과 연남동의 숲길 앞 횡단보도가 모두 두 배 이상 넓어진 이유다. 지금은 서울시와 마포구의 예산 지원으로 공공 와이파이까지 제공하고 있다. 폐철길의 모범적인 친환경 복원 사례를 만들어냈다고 할 수 있다.

다만 숲길이 용산으로까지 이어지지 못한 점은 아쉽다. 공덕동 끝지점에서 도로 건너편을 바라보면, 한 대기업의 마천루가 용산을 향하는 시야를 막아선다. 어떤 이유 때문인지, 언제 이렇게 됐는지 알 수 없다. 안타까울 뿐이다. 숲길 터를 무상으로 제공받은 서울시가 뒤늦게 코레일로부터 소송을 당한 것도 그렇다. 서울 한복판 노른자위 땅이 시민들을 위한 공원으로 활용되는 걸 마뜩치 않게 바라보는 분들이 있는 것인지 모르겠다.

숙부님은 나무를 심어 숲을 가꾸는 것을 좋아하셨다. 변변한 나무 한 그루 없던 환일고교 옆 만리배수지에 공원을 조성한 것이 그렇고, 한강 옆 군부대 이전 터에 들어선 현석동 밤섬공원이 그렇다. 신축 아파트만 즐비한 아현동·염리동 꼭대기에 쌍룡산어린이공원을 만든 것이 그렇고, 외국인 묘지에서 절두산을 잇는 양화진 성지도 역사와 환경을 모두 아우른 마포구청장의 의지에서 비롯됐다. 그 최고의 결실이 경의선숲길인 것이다. 여기에는 숙모님의 내조가 한몫했음은 물론이다. 차경애 한국 YWCA 연합회 전 회장. 숙모님이다. 평생 여성시민운동을 해온 분이다.

경의선숲길은 매일 시민들로 붐빈다. 새벽부터 수많은 시민들이 산책을 시작하고 밤늦게까지 걸으며 쾌적한 마포를 느낀다. 가족과 친구와 애인과 직장동료와 반려견과 함께 삶의 여유를 만끽한다. 봄에는 아름다운 벚꽃으로, 여름에는 시원한 녹음으로, 가을에는 운치 있는 단풍과 낙엽으로, 겨울에는 그 나름의 매력으로 찾는 곳이다. 나도 주말이면 경의선숲길을 걷는다. 지인들의 권유가 한몫을 했지만, 시간이 흐를수록 그 매력에 빠져든다. 건강한 삶의 여유를 느낄 수 있는 이곳에

경의선숲길을 점검 중인 박홍섭 구청장 (2012년)

박홍섭 구청장과 차경애 여사 강릉에서 손자, 손녀와 함께(2023년)

자부심이 커진다. 숙부님은 경의선숲길을 걸으며 이제는 어떤 생각을 하실까 궁금해진다.

책특별구 마포의 꿈

염리동, 용강동, 현석동, 신수동 집에는 책이 엄청 많았다. 방의 절반은 족히 채우고도 남았다. 책장이 쓰러질까 걱정돼 그 방에서는 앉지도 눕지도 않았다. 이사할 때마다 책이 너무 많아 힘들다는 할머니 푸념은 익숙했다. 집은 넓어지지 않는데 책은 많아졌다. 아예 책으로 방 전체가 도배되기까지 오랜 시일이 걸리지 않았다. 처음에는 책 제목만으로 흥미를 느꼈다. 그 흥미가 점차 내용까지 살펴보는 관심으로 바뀌었다. 내 지식과 깨달음의 보고는 숙부님 방의 책들이다.

2017년 10월 31일. 마포중앙도서관이 문을 열었다. '책에 미래가 있다'는 숙부의 철학이 마포에 터전을 마련하는 순간이었다. 최대 규모의 구립도서관. 모던한 건축 구조에 온갖 글로벌한 자료들이 갖춰져 있다. 어린이와 청소년들에게 꿈을 심어주고 평등한 교육의 기회를 마련해주고 싶다는 숙부의 숙원이 담긴 곳이다. 개관식에서 숙부님의 떨리던 목소리와 감격의 눈물이 떠오른다. "청소년들이 입시에 시달리면서 적성에 맞지 않

마포중앙도서관 전경

가족들 전체 사진(할머니 탄신 100주년 기념)

는 전공을 선택해 취업도 못하고 꿈도 없이 뒤늦게 방황하는 사례가 많아 안타깝다. 도서관에서 책 많이 읽고 몸과 마음이 건강한 사람으로 성장하기를 바라는 마음에서 적지 않은 돈 들여 도서관을 건립했다.” 이정수 전 서울도서관장이 개관식의 감격을 회상하면서 되뇌이는 숙부님 말씀이다. 경의선 책거리를 만든 것도 마찬가지다. 평생교육의 뜻. 마포장학재단 창립도 맥을 함께한다. 빈부 격차가 교육 격차로 이어져 가난이 대물림되어서는 안 된다는 평소 지론이 반영된 결과다.

숙부님은 지금도 책 얘기에 막힘이 없다. 부동산 얘기보다 책 얘기를 더 좋아하신다. 팔순을 넘기셨어도 늘 생각이 젊고 역동적인 것은 여전히 독서를 통해 세상의 꿈을 키우고 있기 때문일 것이다. 책으로 가득했던 숙부님의 조그만 방이 경의선숲길과 마포중앙도서관, 마포장학재단의 출발점이 아닐까 생각해본다.

4부

여명의 인터뷰

〈박경수의 아침저널〉 시즌II 가 시작되기 전,
저녁뉴스 앵커(2017년 9월~2018년 1월)를 맡아 진행했습니다.
그때 한 인터뷰 중에 '대한민국 민주주의'를 보여주는 인터뷰를
여기에 기록하여 함께 나누고 싶어 전문을 싣습니다.
말미에 인터뷰 코멘트도 달려 있습니다.

인터뷰 하나. 박종철 열사 31주기를 앞두고

최환 변호사(전 서울지검 공안부장)

1987년 1월14일 밤, 박종철 열사에 대한 경찰의 화장동의를 거부하고 '시신보존명령'을 내린 최환 변호사(당시 서울지검 공안부장)의 스튜디오 녹음 인터뷰(2018년 1월 12일).*

박경수 앵커(이하 박경수) 뉴스파노라마 이슈 & 피플 오늘은 영화 〈1987〉에서 많이들 보셨을 텐데요. 당시 상황을 되돌아보게 하는 인물이 계십니다. 당시 고 박종철 열사의 고문치사 사건이 은폐되는 걸 막는 데 큰 역할을 하셨던 분인데요. 실제 인물이신데요. 최환 전 검사님, 스튜디오에 직접 나오셨습니다. 최환 전 검사님, 안녕하세요!

최환 변호사(이하 최환) 네, 안녕하십니까!

* http://news.bbsi.co.kr/news/articleView.html?idxno=861416

박경수 아, 사실 검사님을 모시게 된 게요. 일요일(14일)이 이제 고 박종철 열사의 추모일이기 때문에 모셨습니다. 추모제도 치러질 텐데요. 가시죠, 그날?

최환 네, 제가 가보려고 합니다.

박경수 영화 얘기 잠깐 하면, 당시 서울지검 공안부장을 맡고 계셨잖아요?

최환 네, 그렇습니다.

박경수 그때 고 박종철 군입니다, 당시에.

최환 네, 박군이죠.

박경수 고문을 받고 숨졌는데 그걸 좀 빨리 화장하면서 은폐하려는 시도가 있었어요. 근데 검사님이 이제 '시신보존명령'을 하면서 상황을 리드해 가시는데…. 극중에서는 하정우씨가 연기를 합니다. 당시에는 어떤 생각으로 시신보존명령을 하신건가요?

최환 그당시만 해도요. 뭐 저희도 검찰청에 출근하면 많은 분들이 오셔서 '우리가 고문을 당했다' 하는 호소를 많이 해요. 우리나라가 무슨 신생국가도 아닌데 어떻게 해서 그 고문의 악습이 자꾸 자행되는가, 해서 그걸 문제 삼기로 하고…. 대표적인 케이스가 보면 그때 김근태 의원 고문, 또 권인숙 씨 고문 그런 것이 막 일어나니까요. 그런데 이것은 보니까요. 그 두 분 케이스와 달리 사람이 우선 죽었습니다. 아니, 우리 인간으로 봐서 제일 중요한 게 뭡니까? 생명 아닙니까?

박경수 그렇죠.

최환 그래서 이건 내가 도저히 용서할 수 없다. 이제야말로 내가 이걸 처단해서 다시는 이런 야만적인 행동이 없도록 앞으로 해서 인권보장을 내가 실천해야 되겠다….

박경수 영화에서 보듯이 이렇게 대공업무를 하던 경찰들이 와서 (화장동의서에) 도장 찍어달라고 들이밀던가요?

최환 그렇죠.

박경수 아, 실제 그랬군요.

최환 왜냐면요. (영화에 나오는 경찰) 두 분 그 사람도 대공업무를 하던 사람들이니까.

박경수 그렇죠.

최환 꼭 고문이 아니더라도 일반적인 사건 처리하면서 저 공안부장하고 많이 협의도 합니다. 그래서 알던 처지죠. 아, 제가 그랬죠. '왜 밤늦게 무슨 일이냐'고 '뭐 큰일 났냐'고 그랬더니 가만 있다가 '사람이 하나 죽었는데 저희들이 뭐 의사들 데리고서는 검안해보니까 쇼크사다, 심장마비사다' 그러면서 거기서 써 있기를 '탁 치니까 억하고 죽었다'는 그 표현이 나와 있어요. 그래서 제가 그때부터 아, 이것은 저 두 사람은 자기들이 고문했다는 게 책임을 크게 지는 거기 때문에 고문 소리는 못하지만 실제…

박경수 이미 느낌으로 다…

최환 고문이 이루어졌구나, 고문하다가 죽었구나 그렇게 생각이 됐죠.

"동아일보 윤상삼 기자에게는 직접 고문사실을 전해"

박경수 또 영화에서 인상적인 장면이 당시 동아일보 윤상삼 기자죠.

최환 네, 저희 검찰청 출입기자 캡입니다, 그 사람이.

박경수 네, (언론계) 대선배 되시는데 (검사님이) 부검 결과를 좀 간접적으로 전하는 영화 극중 장면이 있던데 실제인가요?

최환 네, 맞는데요. 거기는 보니까 박스에는 폐휴지 같은 걸

담아가지고 슬그머니 내놓고 나가더라고요. 근데 그런 식으로 안하고 당당하게 얘기했어요. 왜냐? 이거는 고문 추방을 하기 위한 대대적인 활동을 하려고 하는 상황에서는 이것은 쉬쉬하고 감춘다고 될 일이 아닙니다. 근데 이게 처음에 치안본부 쪽에서는 어떻게 하다가 사람이 죽다 보니까 더군다나 막 욕조에 처박아서 죽이다 보니까 이거 큰일 났거든요. 그러니까 처음에는 아무것도 아닌 걸로, 다시 말해서 그냥 의문사로 처리하려고 했던 겁니다. 그런데 그러자니 또 가족들은 빨리 화장을 해서 장례를 치러야 되니까 신속하게 처리해달라고 하는 얘기 자체도 저로서는 아, 이건 이건 틀림없다….

박경수 그럼 영화 〈1987〉이 당시 상황을 굉장히 리얼하게 재현했다고 봐야 되겠네요.

최환 아, 재현했습니다. 이건 도대체 아니, 세상에…. 하정우 배우도 그 얘기를 합니다. 아니 어떻게 부산에서 서울로 유학 보낸 부모님들이 아들이 죽었다는데 '빨리 화장해서 유골만 보내주세요.' 이런 건 없어요. 우리 부모의 인지상정입니다, 그건. 당장 쫓아 올라가서 우리 아들 마지막 모습이라도 봐야 되겠다 해서 막 슬픔에 젖어서 올라오는 분들인데 그걸 갖다가 무슨 남 얘기하듯이 그렇게 한다는 건 그건 거짓말입니다.

박경수 네, 제가 또 영화 보다가 느낀 게…. 당시 윗분들이 검사님을 압박하는 과정에서….

최환 그것도 맞습니다. 있습니다.

"장인이 강조한 검사의 첫째는 정의 구현..."

박경수 '장인 백 믿고 그러냐' 이렇게 얘길 하던데 혹시 장인이…?

최환 장인은 그 당시에요. 벌써 세상을 뜨셨는데 검찰총장하고 법무장관을 하셨는데 그분은 저보다 더 깐깐한 분이에요. 제가 야단맞았죠. 평검사를 하면서 장인 모실 때였어요. 전혀 그런 것은 아주 엄벌해야 된다, 검사의 첫째는 정의를 구현시켜야 된다….

박경수 그 당시 검사 분들한테는 상당히 사표師表가 되는 분이셨네요.

최환 그분도 그렇고 저도 그분을 따라서 사표가 되겠다고 노력을 많이 했습니다.

박경수 영화에서 검사를 그만두는 것으로 나오는데 실제는 안 그렇죠?

최환 그건 그게 아닙니다. 제가 그만둔다고 하면 위에서 말립니다, 그때는. 제가 고문 추방을 위한 저항을 하다가 사표辭表냈다고 그러면… 다음 해에 88올림픽이 있거든요.

박경수 그렇죠.

최환 올림픽에 영향을 많이 줍니다. 뭐 저기 저 뭐야, 대학교 후배가 경찰조사 받다가 죽었는데 보니까 고문당해 죽었다는데 그걸 적당히 덮으려고 선별한 사람이 그걸 밝혀야 되는데 덮으려고 하면 안 된다. 그래서 그때 그런 얘기가 있었어요. 그러나 그 후에는 상당히 좀 눈총을 주는 사람들이 있었어요.

"노태우 정권에서는 지방전전, 김영삼 정권에서는 서울지검장으로 역사바로세우기…서석재 의원"

박경수 그러다가 이제 이 문민의 정부 김영삼 정권에 와서 사실 요직을 다 거치시잖아요?

최환 그게 다 사연이 있습니다. 그러니까 잘 들으시면 이해가 갈 겁니다. 제가 그래서 이제 그 대학생 하나 죽었다고 생난리를 치게끔 만들어 놓느냐, 그게 저에 대한 비난의 줄거리입니다. 그래서 노태우 대통령 하시는 동안은 제가….

박경수 좀 어려웠겠네요.

최환 눈총 많이 받고 쭉 갔는데 그래서 대구 지방까지 갔다 왔는데 그다음에 이제 노태우 대통령 다음에 대통령 된 분이 김영삼 대통령이었어요.

박경수 문민정부가 들어섰죠. 첫 민주화 정부입니다.

최환 네, 문민정부가 들어서는데 김영삼 대통령님 가까운 비서 중에 서석재 씨가 있었어요. 서석재 의원.

박경수 아, 네. 지금 돌아가셨죠.

최환 그분이 살짝 절 보고 '자네 좀 보세.' 하셔서 '네.' 그랬더니 '우리 대통령 당선되신 어른의 역사바로세우기라는 것에 일조하면서…'

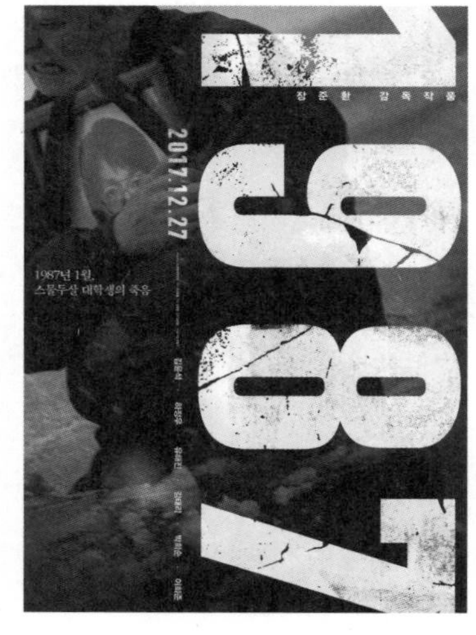

박경수 그렇죠. 전두환 노태우 두 전직 대통령 이제 구속시키게 되는 거죠.

최환 이게 (당시) 그 생각을 저는 몰랐는데 (김영삼 대통령은) 그 생각을 하신 거예요. 그리고 어떻게 세상에 쿠데타를 또 하냐? 12·12 얘기입니다. 그 다음에 또 광주를 왜 그런 식으로 몰아붙였냐? 그러니 이 세 가지가 저한테 온다는 걸 제가 알았습니다. 그리고 또 하나는 아니 세상에 기업인들한테 막 강요를 해서 돈을 수천억씩 받았잖아요.

박경수 그렇죠.

최환 그것도 문제다 이거에요. 지금은 뭐 박근혜 대통령 천억도 안 되는 돈으로 난리 치고 있지 않습니까? 그러니까 그걸 제가 이제 마음의 준비를 하고 가서 다음날 '하겠습니다.' 그랬더니 거기서부터 서울검사장을 시켜야 되니까요. 서울 검사장 갈 수 있는 자리에다가 잠시잠시 보직을 주었어요. 대검 공안부장.

박경수 법무부 검찰국장 (이어서) 서울지검장으로 가셨네요.

최환 네, 그건 (서울지검장) 정상적으로 가는 코스입니다. 그런데 그것이 아마 김영삼 대통령 아니었으면 노태우 전 대통령이 (정권을) 연장해서 있었으면 저를 안 시키죠.

박경수 아휴, (군부정권이 연장됐으면) 계속 지방에 계실 뻔했네요.

최환 그렇습니다.

"지금의 역사를 열어가는 데 약간의 기여"

박경수 알겠습니다. 시간이 다 돼서요. 이 박종철 열사 사건이 역사의 현장입니다. 남영동 대공분실에 당시 상황을 잊지 말자는 취지의 동판이 새겨져 있는데요. 끝으로 이런 역사적인 사건들이 우리에게 주는 교훈이 있을 것 같습니다.

최환 뭐 교훈이야 아주 우리가 크게 얘기하면 민주화의 초석이 됐다는 뜻도 되지만 그다음에는 우선 그 전제로 고문이라는 건 이 역사를, 아니 우리나라에 다시는 발 못 붙이게 봉쇄해서 인권보장을, 그 헌법에서 보장하는 인권이거든요. 그래서 검사가 하는 정의와 그 다음에 인권 그 두 가지로 해서 절대로 그걸 다시 어떤 기관이든지 거기서 자행이 되는 것을 막자, 그래서 우리가 뭐냐면 역사에 죄를 짓는 처신을 하지 말자, 아무리 검사라도. 그렇게 해서 제가 지금 역사를 열어가는 데 거기에 약간의 기여를 했다고 보여집니다.

박경수 큰 기여를 하신 것 같고요. 앞으로 건강하게 또 후학들에게 좋은 얘기 많이 들려주시길 바라겠습니다. 오늘 말씀 고맙습니다.

최환 네, 감사합니다.

박경수 영화 〈1987〉에서요. 고 박종철 열사의 고문치사 사건을 밝혀내는 데 큰 역할을 하셨던 당시 서울지검 공안부장으로 활동하셨던 최환 변호사 모시고 얘기 나누었습니다.

오늘의 코멘트

최환 변호사는 영화 〈1987〉에서 배우 하정우 씨가 연기한 실존 인물이죠. 당시 서울지검 공안부장으로 박종철 열사의 고문치사 사건이 세상에 알려지는 데 적지 않은 기여를 하셨어요. 생방송인 만큼 인터뷰 시간에 맞추기 어려울 것 같다면서 방송 몇 시간 전에 와서 보도국 스튜디오에서 녹음을 하고 가셨지요. 아래 사진은 녹음 직후 찍은 거예요. 이번에 인터뷰를 책에 실으면서 전화를 드렸는데, 통화를 하지 못했어요. 연세가 많으실 텐데, 아무쪼록 건강하시기를 기원합니다.

최환 변호사와 박경수 앵커

인터뷰 둘. 고故 김근태 선생을 추모하며

고인의 딸 병민 씨

김근태 선생이 타계한 지 6년이 되던 2017년 12월 30일, 종로구 통의동 보안여관에서 '따뜻한 밥상'을 주제로 추모전이 열렸다. 당시 고인의 딸 병민씨와 가진 생방송 전화 인터뷰(2017년 12월 18일).*

"어디선가 살아 계실 것 같은 느낌" … 남영동 9월, 돌아가신 12월

박경수 앵커(이하 박경수) 사회 쟁점 현안과 주목받는 인물을 조명하는 뉴스파노라마, 이슈 & 피플 코너, 오늘은 서울 종로의 한 유서 깊은 전시장에서 깊이 있는 전시회가 열리고 있다고 해서 그 얘기 좀 들어보도록 하겠습니다.

민주화의 대부, 영원한 민주주의자…. 다들 떠올리시겠죠.

---

* http://news.bbsi.co.kr/news/articleView.html?idxno=857414

고 김근태 선생 6주기를 앞두고 있는데요. 추모전시회가 열리고 있습니다. 김근태재단 김병민 기획위원 전화 연결돼 있네요. 사실 김병민 씨는 김근태재단의 기획위원을 맡고 있지만 고 김근태 의장의 따님이시기도 하죠. 미술사를 전공했고요. 김병민 위원님, 안녕하세요!

김병민 기획위원(이하 김병민) 네, 안녕하세요?

박경수 벌써 아버지가 돌아가신지 6년이 다 돼가네요.

김병민 네.

박경수 2011년 12월 30일로 기억되는데 아직도 생각이 많이 나실 것 같아요?

김병민 네 맞아요. 워낙 좀 어려서부터 좀 떨어져 살아서 그런지 사실은 어디선가 살아 계실 것 같은 느낌이 많이 들어요. 남영동에 가셨던 9월이나 돌아가신 12월 이런 때는 더욱 생각이 나고요. 옥중에 있었던 것처럼 편지가 집으로 날아들 것 같은 느낌이 들어요.

"일상의 민주주의를 위해 묵묵히 따뜻한 밥상을 지켜온 분들을 초대"

박경수 저도 사실은 가까이 늘 계신 것 같습니다. 그래서 해마다 추모전을 열고 있는 거잖아요. 올해 추모전의 주제가 '따뜻한 밥상'이라고 들었는데 이거 어떤 의미를 담고 있나요?

김병민 IMF 이후에 양극화가 심각해지고 좀 삶이 빡빡해졌을 때 사실은 김근태가 주장했던 '따뜻한 시장경제'라는 것이 있었어요. 거기서 따온 것이구요. 그때 이런 말씀을 하셨어요. "때로는 생활 때문에 절망하지만 그런 속에서도 여전히 정직하고 성실한 99%의 사람들이 무시당하지 않는 사회를 만드는 것이 내가 가야 할 길이라고 생각한다. 거짓과 괴롭힘을 당하면서도 자신의 자리를 지켜온 사람들에게서 나는 오늘도 희망을 건져 올린다." 사실 이번 전시는 김근태라는 한 사람을 기린 것이 아니라 김근태가 원했던 가고자 했던 방향과 정신을 보여 주려고 기획한 전시예요. 일상의 민주주의를 위해 묵묵히 따뜻한 밥상을 지켜온 분들을 전시장으로 초대하는 그런 의미의 '따뜻한 밥상'입니다.

"'리슨투더시티'의 〈옥바라지〉 인상적"

박경수 아, 그런 의미가 담겨 있군요. 그래서 뭐 사진도 전시되고 그림도 있고 비디오도 상영된다고 들었는데 눈에 띄는 전시 몇 가지만 소개해주세요.

김병민 우선은 '리슨투더시티'라는 그룹 작가인데요. 〈옥바라지〉라는 영상 작업을 하셨어요. 김근태 옥중편지와 인재근의 옥바라지 편지를 천천히 낭독하는 영상이고요. 그 낭독을 10년째 해고무효투쟁을 벌이는 콜트콜텍 노동자라든지 고공농성중인 파인텍 노동자, 건물주의 강제철거에 반대하다가 얼마 전에 손가락이 잘린 궁중족발 사장님 등 보이지 않는 감옥에서 현재의 삶을 살고 계시는 분들이 김근태와 인재근의 텍스트를 낭독함으로써 현재와 과거의 김근태가 아니라 현재화시키는 이런 작업을 과거의 김근태와….

박경수 아, 비디오도 그럼 상영이 되는 거네요?

김병민 네, 그런 영상 작업이 있고요. 또 한 가지는 필명을 쓰시는, '양아치'라는 필명을 쓰시는 작가님이신데요. 〈김근태, RGB says〉라는 영상, 이것도 영상 작품이에요. 그래서 이 작업을 하실 때 김근태의 한 꺼풀을 달라고 하시더라고요. 유품을 양복, 안의 속옷, 양말, 신발까지. 그거를 달라고 해서 드렸더니 김근태 얼굴을 닮은 퍼포머를 섭외해서 그 옷을 다 입고 퍼포먼스 하는 영상이에요.

박경수 그렇군요.

김병민 네, 근데 사실은 그게 김근태로 보이지만 김근태가 아니잖아요. 그래서 그런 저희 이 시대를 살아가는 사람, 일반 사람들의 모습을 RGB(레드, 그린, 블루)라는 색에 갇힌…. 더 다양한 사회에 있어야 되는데 그 예전에는 레드콤플렉스라 그래 가지고 빨간색에 갇혀 있는 김근태를 표현하기도 하고요. 앞으로는 색이 좀더 많았으면 하는 염원을 담아서 영상 작업을 아주 현대적인 예술언어로 해석해서 전시하고 있고요.

"지난 정권에서부터 전시를 허락해준 '보안여관'에 감사"

박경수 어우, 제가 직접 봐야 더 의미를 더 느낄 수 있을 것 같은데요. 그 전시회 열리는 곳이 '보안여관'이라고 들었습니다. 뭐 아시는 분은 아실 텐데 혹여 모르는 분들이 당황하실 수도 있는 이름이어서 설명을 좀 해드리면, 이제 종로구 통의동에 있고요. 일제강점기에 문인들이 많이 묵고 그러면서 거기서 만나서 또 교류하던 이런 장소였는데 몇 년 전에 복합문화시설로 새롭게 또 단장을 했지요. 근데 이 추모전을 보안여관에서 열게 된 배경이 있을까요?

김병민 사실 저희가 이제 추모전이 세 번째인데요. 지난 정권에서는 전시장 잡기가 쉽지 않았어요. 작가 분이나 기획의 주제를 보고서는 승낙을 했다가도 '김근태 추모전'이다 해서 김근태란 이름이 들어가면 '아, 좀 부담스럽다, 꺼려진다' 이런 이유로 반려되곤 했었는데 이제 그래도 좀 전시장을 수소문하던 끝에 보안여관에서 관심을 보이셨어요. 사실은 지난 정권 때 허락을 해주셔서 더 감사한 부분이고요.

박경수 아, 그랬군요.

김병민 네, 작가 분만 보고 좋은 작가들이 참여한다는 이유로 이런 뭐 좋은 뜻이 있다는 이유로 허락해주신 데 대해서 그 통의동 보안여관측에 감사 인사 전하고 싶어요.

박경수 아, 어려운 시절부터 이 보안여관에서 허락을 해준 거네요?

김병민 네, 거기다가 또 의미 있는 역사적으로 의미 있는 장소니까 저희는 더할 나위 없이 좋았죠.

"13번째 근태생각회는 김근태 언어의 품위" … 유은혜, 기동민 의원

박경수 이제 잠시 뒵니다. 저녁 7시에 보안여관에서 행사가 열리잖아요. 전화 인터뷰를 갖는 김에 어떤 행사인지 설명 좀 해주세요?

김병민 사실은 '김근태를 사랑하는 문화예술인 모임'이라는 '근태생각회'가 있어요. 근데 거기서 이제 김근태 평전을 준비하다가 한 사람이 보는 김근태가 아니라 우선 여러 사람의 이야기를 한번 들어보자 해서 기획된 모임이고요. 2016년 8월부터 시작해서 현재까지는 열두 번 '근태생각회'를 가졌어요.

박경수 오늘이 그러면 열세 번째잖아요?

김병민 열세 번째. 네, 13회째이고요. 여기서 열두 번을 가지다 보니까 그 김근태라는 인물이 여러 사람의 기억 속에서 굉장히 입체적으로 조명이 되더라고요. 한 사람이 가지고 있는 기억을 기억의 연대라고 해야 되나? 그래서 그것뿐만 아니라 같은 시대를 또 뚫고 지나온 분들의 얘기라서 그분들의 개인사라든가 초대된 이야기 손님의 개인사라던가 또 그분들이 함께 살았던 시대도 보이는 거예요. 시사적 관점에서 뜻깊은 모임이라고 생각하고요. 또 이번에는 오늘 좀 이따 열리는 행사는 '김근태 언어의 품위'라고 그래서 김근태 말과 글을 담당했던 분들을 초대해서 이야기를 듣는 모임인데요. 김근태 생각과 어투를 가장 잘 이해했던 분들이라서 더, 또 김근태라는 인물을 쉽고 또 정확하게 좀 조명할 수 있지 않을까 하는 생각이 듭니다.

"따뜻한 밥상을 함께 하는 상생과 평화의 길을 준비하자"

박경수 네, 시간 관계상 끝으로 아버지가 돌아가셨을 때와 지금은 뭐 사뭇 다른 시대잖아요? 만약 살아 계셨다면 지금 어떤 말씀을 하셨을까요?

김병민 저는 그 12월에 작년 겨울에 그러니까 작년 겨울에 겪었던 그 촛불광장 모였던 사람들을 보고요. 아버지가 6월 항쟁 이후에 하셨던 말씀이 생각이 나요. "내 자신이 큰일을 한 것이 아니다. 민주주의를 위해서. 사실은 민주주의와 평등을 열망했던 다수의 익명이 희망을 끌어올린 것이다"라고 말씀을 하신 적이 있어요. 그래서 이전에 이전 정권에서 제가 '2012년을 점령하라'는 그 유언을 지키지 못했을 때 참 절망을 많이 했었는데 '결국 희망은 힘이 세다'라던가 희망에 대한 얘기들에 굉장히 냉소적이었어요. 그런데 촛불 이후에 '아, 맞구나. 김근태 아버지가 얘기했던 게 맞구나, 정말. 이 다수의 익명의 열망이 이렇게 터져 나오는가'라는 생각이 들었고요. 아마도 이후를 준비하자고 말씀을 많이 하셨을 것 같아요. '모두가 열심히 사는 세상, 따뜻한 밥상을 함께 먹는 상생과 평화의 길을 준비하자'는 말씀을 하셨을 것 같습니다.

박경수 알겠습니다. 오늘 저녁 행사 잘 치르시고요. 오늘 시간 내줘서 고맙습니다.

김병민 네, 감사합니다.

박경수 네, 고인의 딸입니다. 김근태재단, 김병민 기획위원이었습니다.

오늘의 코멘트

병민 씨를 며칠 전 처음 만났어요. 생방송 인터뷰를 한 게 2017년 12월이니까 방송 이후 거의 6년만이었네요. 방송 직후 만나려다 이런 저런 이유로 연기되다 보니 세월이 훌쩍 지난 거죠. 물론 첫 만남의 계기는 책 발간이었지요. 인터뷰 전문을 실으면서 생각났고 어렵사리 전화를 걸었는데, 잊지 않고 기억해주니 반갑더라고요. 마치 기다리던 지인의 전화를 받듯이 말이죠. 따뜻한 민주주의자 김근태 선생이 떠올랐어요. 병민 씨는 지금 김근태재단 아카이브센터장('김근태 기념 도서관' 운영위원)을 맡아 아버지의 자료를 발굴하고 정리하고 전시하는 일을 하고 있더군요. 대학에서 미술사 강의도 하고 있고요. 저는 도서관을 둘러보고 싶어서 약속을 잡고 찾아갔지요. 첫 만남이었지만 고인에 대한 기억을 토대로 시간 가는 줄을 몰랐네요. 지난 2000년 총선 취재 시 고인과 지구당 사무실에서 김치

찌개로 점심을 함께 한 얘기를 하며 웃었어요. 그 사무실을 어머니가 그대로 쓰고 계시더라고요. '김근태 기념 도서관'은 참 아름답고 따뜻한 구립도서관이었는데, 최근 위탁운영 기간이 줄었다는 소식에 씁쓸했어요. 책이 출간되면 다시 오겠다는 약속을 하고 돌아섰네요. 도서관 인근 도봉산과 수락산에 단풍이 물들어 있었어요. 주민들은 여러 면에서 참 행복하겠다는 생각을 했답니다.

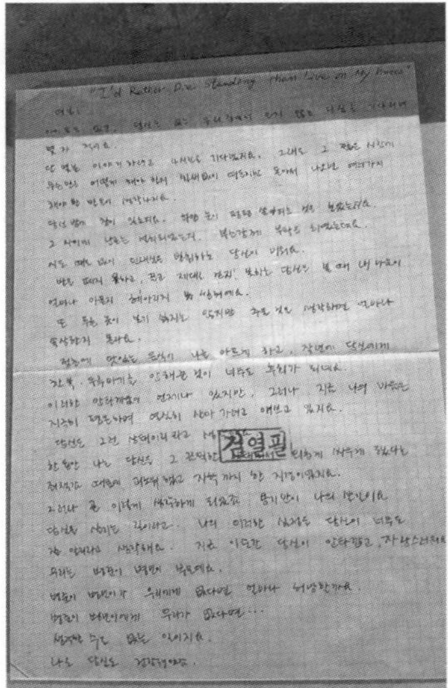

고인의 옥중서신

김근태 선생 동상 옆에서 병민 씨와 함께

5부

새벽의 글모음

〈박경수의 아침저널〉 시즌II를 시작하기 전인
2004년부터 2019년까지 취재기자 혹은 데스크로서 쓴 글들 가운데
다시 생각해보고 싶은 주제를 선별해 여덟 편을 골라
원문 그대로 싣고 지금의 시각에서 바라본 평가 등을 덧붙였습니다.
끝으로 전직 언론인으로서
2023년 현재 언론이 당면한 어려움을 직시하면서
'가짜뉴스와 언론의 자유'에 대해
생각을 다듬어 써보았습니다.

한·베트남 양국 동질감 가슴에 새겨…
_한국기자협회 베트남 방문기*

한국기자협회보, 2004-12-15

한국과 베트남 기자협회의 교류는 양국의 수교와 함께 시작해 이제 10년을 넘어섰다. 나는 이번 베트남 방문이 처음인 탓에 이처럼 오랜 양국 기자협회 간 교류 사실을 출국 직전까지 몰랐다. 그래서인지 베트남 방문은 다소 설렜다. 처음 가보는 외국에 대한 궁금증도 한몫을 했지만 어렴풋이 알고 있던 베트남의 현대사가 호기심을 자극했다. 더욱이 미국이라는 강대국을 상대로 전쟁을 치렀고 결국 승리했다는 것 자체가 왠지 모를 무게로 다가왔다.

베트남은 이제 우리나라와는 무비자협정이 체결돼 있다. 우리 일행도 비자 없이 하노이 공항에 입국할 수 있었다. 끈적끈적한 날씨 속에서도 어디서든 담배를 피워 물 수 있다는 게 좋았다. 하지만 공항 밖으로 나오며 담배를 꺼버렸다. 무수히 늘어선 오토바이와 자동차의 매연은 베트남의 수도 하노이를 금

* https://anchorpark.tistory.com

세라도 삼켜버릴 것만 같았다. 대기환경은 좋지 못했지만 기자협회 관계자는 물론 식당이나 거리에서 만나는 사람들은 정말 친절했다. 베트남 기자협회 간부는 한강의 기적을 예로 들며 경제적으로 한국보다 몇 십 년은 뒤진 것 같다고 말했지만, 나는 오히려 몇 십 년 전 우리에게도 이처럼 따뜻함이 있었을까 하는 아련한 추억에 잠겼다.

하노이의 최대 명소는 호치민 역사박물관이었다. 베트남 건국의 아버지인 호치민이 죽기 직전까지 살았던 집이 있고, 낚시를 즐겼던 연못이 있고, 묘소가 있었다. 호치민의 근검절약과 대중을 향한 사랑도 오롯이 남아 있었다. 특히 권력을 장악하기보다는 권력을 나눠준 전통은 베트남의 집단 지도체제로 통일을 가능케 했다는 설명이다. 노무현 대통령이 이미 지난 10월 호치민 묘소를 참배한 사실이 꽤나 많은 베트남인들의 기억 속에 자리 잡고 있었다. 베트남 사람들은 한국을 과거 미국을 도와 참전한 나라라기보다는 외세의 침략이라는 비슷한 역사를 공유하며 아직도 분단된 아픔을 갖고 있는 나라로 기억하고 있었다. 베트남 기자협회 간부는 만찬장에서 “남북한은 꼭 평화적으로 통일됐으면 한다”며 충고를 잊지 않았다.

하노이 시의 한복판에 위치한 교도소는 역사교육장이었다. 일제 강점기 서대문 교도소에 비교할 만한데, 베트남의 개혁·개방을 부르짖은 도이 모이 전 서기장도 이 교도소에서 복역

했다는 설명을 들었다. 프랑스에서 일본으로, 다시 프랑스의 지배를 받으며 숱한 독립투사들이 갇혀 지내며 고초를 겪은 곳이었다. 미국과의 전쟁 동안에는 미군 포로들을 수용했다고 하는데, 우리에게 낯익은 존 메케인 의원도 이곳에서 포로로 잡혀 있다 석방됐다. 베트남의 사회 지도층은 바로 이 같은 고초를 겪은 독립투사의 자녀들이었고, 현 베트남의 주류를 형성하고 있었다. 이와 관련해 베트남에 주재하고 있는 한 외교부 관리는 베트남의 과거사 청산을 예로 들며 "우리에게도 일제 과거사 진상 규명이 꼭 필요하다"고 솔직히 털어놓았다.

우리가 관광다운 관광을 한 것은 하롱베이와 천향사千香寺. 하롱베이는 하노이에서 4시간 가까이 차로 달리면 다다를 수 있는 해변이다. 유네스코가 세계문화유산으로 지정할 만큼 바다 곳곳에 솟아있는 기암절벽이 그야말로 장관이었다. 아름다웠다. 베트남은 이곳을 관광지로 개발하려는 계획 속에 곳곳에 호텔을 짓고 길을 넓히고 있었다. 반면 송다이는 하노이에서 2시간 가까이 달리면 도착하는 하타이성의 조그만 강이다. 송다이를 조그만 배로 거슬러 올라가면 천향사가 나온다. 17세기에 지어졌다니 400년 가까이 된 고찰인데, 베트남의 정신적 지주인 베트남 불교를 통합시킨 사찰이었다. 맨발로 우리를 안내하며 설명해주는 젊은 스님에게서 외세로부터 벗어날 수 있었던 베트남의 자존과 힘이 느껴졌다.

한국기자협회 베트남 방문(2004년 12월)

우리가 귀국하던 날은 타이거컵 결승전이 있었다. 베트남과 싱가포르가 맞붙었는데, 베트남 사람들의 축구사랑은 남달랐다. 베트남의 축구사랑을 끝으로 우리는 길지만 길지 않은 8박 9일간의 베트남 방문 일정을 마무리했다. 김구철 기자협회 부회장을 비롯한 우리 방문단에게 남은 것이 있다면 그것은 한국과 베트남 양국 국민 간의 동질감이었다.

오늘의 코멘트

2004년 12월, 8박 9일간 베트남을 방문했습니다. BBS 기자협회장 자격으로 한-베트남 기자협회 정례 교류에 참여한 것인데, 하노이·하롱베이·붕따우·호치민 등 북에서 남으로 이동하며 역사 유적지를 둘러보고 현지 주요 인사들을 만나 우의를 다지는 비교적 긴 일정이었지요. 고故 박영한 선생의 소설 「머나먼 쏭바강」, 「인간의 새벽」을 통해 간접 체험한 베트남전 참전에 대해 미안함이 있었는데, 그들의 넉넉함과 앞선 역사인식에 미안함을 넘어서 존경심을 갖게 됐어요. 베트남을 깊이 이해하는 기회이기도 했습니다.

기억에 남는 일은 당시 베트남 전역을 뒤흔들고 있던 TV 드라마가 〈대장금〉이었다는 사실. 하노이·호치민이 꽤 길이 막히는 대도시인데 〈대장금〉을 방영하는 날이면 도로가 한산하다고 현지인들이 얘기해줬지요. 한류가 확산되던 시절이었던 거죠. 글에도 담았지만, 개인적으로는 베트남에 오토바이가 많아서 그런지 공기가 안 좋아 답답했어요. 귀국한 뒤 담배를 끊는 계기가 되기도 했습니다.

첫걸음을 내디딘 법조 취재 200일 …
_2007 서초동의 기록*

대한변협신문, 2007-12-03

2007년 5월은 퍽 의미 있는 달로 기억될 것 같다. 몸담고 있는 BBS불교방송이 개국 17년 만에 처음으로 보도국에 법조팀을 구성하고 검찰과 법원에 대한 취재를 공식적으로 시작했기 때문이다. 첫 법조팀장이라는 무게가 어깨를 짓눌렀지만 한편으론 새로운 취재 영역을 개척할 수 있다는 설렘도 만만치 않았다. 그 설렘은 기자 생활 14년 만에 다시 느껴보는 에너지이기도 했다. 오랜 정치부 취재를 통해 넓혀온 다양한 인맥과 취재 패턴이 도움이 됐다. 하지만 법조계 특유의 분위기를 익히는 데는 아직도 시간이 더 필요하다.

새로운 영역에서의 첫 취재는 기억에 오래 남는 법인데, 한화 김승연 회장 보복폭행 사건이 그런 경우다. 술집에서 아들을 때린 술집 종업원들을 집단으로 구타한 것이었는데, 사적인 체벌을 금지하는 형법의 기본원리를 무시한 재벌의 구태

* https://anchorpark.tistory.com

가 아닐 수 없었다. 여기에 경찰의 은폐 시도까지 더해지면서 김 회장이 구속되던 5월 12일, 세인의 관심은 온통 김 회장에게 쏠렸다. 김승연 회장 공판은 정몽구 현대자동차 회장 공판과 함께 장마를 앞둔 법정의 무더위를 한껏 부추겼는데, 더욱이 한국경제를 언급하며 선처를 기대하는 재벌 총수들의 모습은 씁쓸한 뒷맛을 남겼다. 여기에는 삼성 에버랜드 전환사채 편법증여 의혹 사건에 대한 법원의 항소심 판결도 한몫을 했다. 전·현직 대표이사들이 모두 유죄 판결을 받으면서 관심은 이건희 회장에 대한 검찰 소환 조사 여부에 쏠렸지만 이 회장은 얼마 뒤 평창 동계올림픽 유치를 지원하기 위해 과테말라로 향했다. 오뉴월의 서초동 하늘은 그렇게 한국 재벌의 현주소를 적나라하게 드러내고 있었다.

한여름은 한나라당 대선후보 경선으로 무척 뜨거웠다는 생각이다. 한나라당 경선 레이스는 이미 6월 후보 등록과 함께 시작됐지만, 달아오르기 시작한 것은 이명박 후보의 도곡동 땅 차명 의혹 등 후보 검증 논란이 심화되면서 검찰이 수사에 나선 7월부터다. 정확히 말하자면 박근혜 후보측이 검찰에 수사를 요청하면서부터라고 할 수 있는데, 서울중앙지검 특수1부에 수사가 배당됐고 40일간의 수사 끝에 중간 수사결과를 내놓았다. 경선 직전 발표된 애매한 수사결과에 논란이 컸다. 하지만 논란은 생각보다 빨리 잦아들었다.

올가을은 신정아 씨의 학력위조 사건을 빼고 얘기하긴 어렵다. 9월 중순, 신씨가 전격 귀국하면서 서울 서부지검의 수사가 본격화됐고, 변양균 전 청와대 정책실장과의 관계와 한 석간신문의 누드 사진 게재 등 세인의 관심을 끌 소재가 잇따르면서 사회의 모든 이슈를 덮어버렸다. 신정아 사건이 추석민심을 장악했다는 자조 섞인 말까지 나올 정도였다. 10월 30일 수사결과 발표와 함께 이들에 대한 기소가 이뤄지면서 가을은 어느새 겨울을 재촉하고 있었다.

어느덧 찬바람과 함께 17대 대통령선거일이 눈앞에 다가왔다. 여느 대선 같으면 정치권에 모든 이목이 집중될 때인데, 아직도 검찰을 바라보는 유권자들이 적지 않아 보인다. 선거에 영향을 미칠 검찰 수사가 계속되고 있기 때문일 것이다. BBK 주가조작 사건에다 삼성 비자금 의혹까지 더해지면서 임기 말 검찰의 고충이 남다르다. 함께 있는 취재기자들도 다르지 않다. 대선이 끝나고 나면 특별검사의 수사도 기다리고 있다. 서초동에서 겪는 올해 대선이 여의도에서 지켜본 지난 대선 못지않은 이유가 바로 여기에 있다. 첫걸음을 내디딘 법조 취재 200일의 현주소다.

오늘의 코멘트

불교방송 보도국에 법조팀이 만들어진 게 2007년 5월의 일입니다. 당시 홍승기 사장이 이사회 보고를 거쳐 법조팀을 만들고 팀장에 저를 임명한 거죠. 그해 12월에 대한변협신문의 요청을 받고 쓴 이 글에 담겨 있듯이 2007년 서초동은 뜨거웠네요. 영화로도 만들어진 한화 김승연 회장 사건부터 신정아 사건까지. 특히 대통령선거가 서초동에서 치러졌다는 말이 나올 만큼 검찰 수사가 대선의 분수령이 됐던 해입니다.

대장동 사건의 핵심 피고인 김만배 씨를 만난 것도 2007년이죠. 당시 타 언론사 법조팀장들 사이에 부정적인 기류가 있었어요. '법조 기자답지 못하다'는 의견이 많았고 기자실 출입 자체를 반대하는 팀장들도 많았죠. 그래도 법조 신입 언론사 팀장으로서 저는 옹호를 많이 했던 기억이 있네요. 그 후에도 저는 2010년~2011년, 2015년 6개월, 2017년 6개월 동안 법조팀장 혹은 사회부장으로 서초동 취재를 지휘하면서 법조 붙박이인 그를 자주 만났어요. 그는 세월이 흐르면서 법조 기자단의 비주류에서 주류 좌장으로 변해갔고 경제적으로도 풍족해지는 느낌을 받았죠.

특히 춘천에서 복귀한 2017년 하반기에는 제게 거듭 골프 제안, 저녁 식사 제안을 해 의심을 품었던 기억이 있네요. 저는 김영란법 시행 이후 골프를 멀리해왔거든요. 또 그의 골프 실력이 출중해 저와 맞지 않는다고 거절했었죠. 경기도 OO골프장이 본인 소유인데 후배에게 골프피를 받겠냐는 등의 유혹도 있었고, 급기야 한 번 약속을 잡기도 했지만 고민 끝에 이틀 전 취소한 기억도 있네요. 골프를 안 치자 저녁을 먹자는 제안으로 괴롭혔는데(?), 그가 술을 전혀 못하는 체질인 것을 아는 저로서는 이상하게 생각할 수밖에 없었어요. 저녁 대신 점심을 하자는 역제안은 받아들이지 않더라구요. 한번은 대법원 뒤편 주차장에서 연예인들이나 타는 고급차를 직접 세차하는 모습을 보고 놀란 적이 있었죠. 대법관들이 계신 대법원에서 차를 세차한 결례는 두고두고 잊지 못할 장면이에요. 대검찰청에서 훤히 내려다보이는 자리였는데 왜 그랬는지는 알 수 없어요.

결국 김만배 씨는 '대장동 사건'으로 지난 대통령선거를 무력하게 만든 장본인이 되고 말았어요. 제가 이재명 당시 대선 후보와의 인터뷰에서* 대장동에 대한 질문을 하지 않은 이유가 설명되었는지 모르겠네요. 아무튼 김씨의 로비를 거절하지 못한 후배 기자들은 여론의 지탄을 받으며 불명예스럽게 언론사를 떠나고 말았지요. 그로 인해 법조 기자단을 비롯한 언론인 모두의 위상과 명예도 땅에 떨어졌고요. 하지만 아직도 꿋꿋하게 권력에 대한 감시와 사회적 비판 기능을 이어가고 있는 언론인들이 적지 않음을 생각해주셨으면 합니다.

* 2부 「29년간의 언론인 생활을 마감하며」 73~74쪽.

가을의 화두, 유러피언 드림European Dream

BBS 칼럼, 2009-10-23

예로부터 가을은 곧 풍요로움이다. 추수를 마치고 곳간 가득히 쌓이는 곡식과 함께 인심도 풍성해진다. 글을 가깝게 하고 모두가 함께 즐길 수 있는 여유도 생긴다. 등화가친燈火可親이 가을을 상징하게 되고 문화행사가 이 시절에 집중되는 것도 우연이 아닌 것이다. 빠듯한 살림살이에 신종플루에 이래저래 걱정이 많은 때이지만 그래도 가을이다.

올가을에 여러 풍요로움을 만났다. 자연의 아름다움에서 끈끈한 인간애까지. 제주도 성산읍 삼달리에 있는 한 미술관을 찾았다. 초등학교 폐교를 개조해 만든 것인데, 바로 '김영갑 갤러리 두모악'이다. 두모악은 한라산의 옛 이름이다. 그리 넓지 않은 단층건물에 고인이 20년 동안 담아온 사진들이 전시돼 있었다. 들녘과 오름, 바다, 제주도의 아름다움이 오롯이 담겨 있었다. 자연의 소중함이 그대로 녹아 있었다. 뭍에서 살던 고인을 세속적인 가치에서 벗어나 20년 동안 홀로 섬에 살게 했던 그 평화로움이었다.

사북은 국내 최대의 민영탄광이 있던 곳이다. 지금은 강원랜드로 유명해졌지만 과거 탄광촌으로 이름을 날렸던 지역이다. 그 사북 출신 인사를 만났다. 개인의 과거사를 들으려 만났던 건 아니지만, 광부의 아들로 지난 시절을 되돌아보면서 감회에 젖는 모습은 퍽 인상적이었다. 특히 고인이 된 형과의 우의, 누이와의 애틋함은 가족애를 느끼기에 충분했다. 1990년대 인기 TV 드라마 〈젊은이의 양지〉를 떠올리게 했다. 또 자리를 함께 했던 내 후배에 보여준 호의도 따뜻했다. 후배의 고향은 사북마냥 서울에서 멀리 떨어진 바닷가였다. 그래서 더 따뜻했는지도 모른다.

자연과 함께하며 서로를 아끼는 마음은 우리의 고귀하고도 소중한 전통이다. 이 전통이 향후 미래사회의 주된 가치가 될 것이라고 주장하는 이가 있어 주목을 받는다. 바로 미래학자 제러미 리프킨Jeremy Rifkin이다. "개인의 가치보다는 공동체와의 조화를 소중하게 생각하는 사회, 경제적 효율성보다는 삶의 질을 중시하는 사회, 획일성보다는 다양성이 존중받는 사회"로 변화된다는 게 그의 주장이다. 곧 '유러피언 드림European Dream'이다. '유럽인들의 꿈'. 노무현 전 대통령이

생전에 열독했다 해서 유명해졌는데, 그 후에 독자층이 더 넓어지는 모양이다. 최근 여권의 한 대선후보도 언급한 것으로 알려져 관심을 모은다.

유러피언 드림은 더이상 유럽인만의 이상은 아닐 것이다. 깊어가는 가을의 화두로 삼아볼 만하다.*

오늘의 코멘트

노무현 대통령이 돌아가신 게 2009년 5월이니까, 그해 9월쯤 유럽 취재를 가는 길에 인천공항에서 『유러피언 드림』(제러미 리프킨 지음, 이원기 옮김, 민음사, 2005)을 산 기억이 있어요. 기내에서 잠 한숨 자지 않고 절반이나 읽었는데, 고인의 평소 지론을 접하는 듯했기 때문이었죠. 개인과 공동체의 조화, 삶의 질, 다양성 등…. 그 생각이 한동안 내 마음을 사로잡았던 것 같아요. 제주도에서 '김영갑 갤러리'를 찾았을 때도, 사북 탄광에 대한 얘기를 들었을 때도 말이지요. 글에서는 익명으로 처리했지만, 당시 여당의 유력 대선후보였던 박근혜 의원도 유럽을 방문하기에 앞서 이 책을 읽었다고 취재기자로부터 들었어요. 아마도 그해 『유러피언 드림』이 저만이 아니라 많은 분들의 마음을 사로잡고 있었던 듯해요.

---

* https://anchorpark.tistory.com

트위터와 사찰査察*

BBS 칼럼, 2010-08-20

최근 들어 하루가 다르게 변화하는 기술문명에 놀라는 일이 잦다. 특히 첨단 IT산업의 변화는 상전벽해桑田碧海라는 말이 오히려 진부하게 느껴질 정도이다. 휴대폰 문자와 이메일, 블로그에 이어 등장한 트위터twitter가 이를 방증한다. 수많은 사람과의 자유로운 의견 나눔을 가능케 하는 첨단 서비스이다. 민주주의의 한 단면을 엿볼 수 있다. 하지만 그것만으로 민주화 정도를 가늠하긴 어렵다. 우리에게는 아직 권위주의 시대의 잔재가 남아있기 때문이다. 역사 속으로 사라졌어야 할 사찰이 다시금 쟁점화 되는 시절이다.

트위터twitter는 '새가 지저귄다'는 뜻으로 140자 이내의 단문 메시지를 전달하는 서비스이다. 휴대폰과 인터넷을 통해 수많은 이들에게 즉시 전달된다. 이른바 소셜 네트워크 서비스(Social Network Service, SNS)인 것이다. 지난 2006년 미국 샌프

* https://anchorpark.tistory.com

란시스코의 한 벤처기업 '오비어스'가 만들었고, 오바마 대통령은 지난 대선에서 트위터를 적극 활용했다. 전 세계 가입자는 4년 만에 1억5천만 명, 우리도 빠르게 늘고 있다. 일반인은 물론 저명인사들도 빠져들고 있다. 재벌 총수와 정치인들도 마찬가지다. 특히 6월 지방선거 이후 정치권의 관심은 예사롭지 않다. 이삼십 대 젊은 유권자들의 높은 투표참여에 트위터가 한몫을 했다는 분석이 나오면서부터다. 다양한 의견 개진과 수렴이 그 힘이다.

사찰査察은 '조사하여 살핀다'는 뜻이다. 곧 공권력의 감시를 의미한다. 과거 정통성이 결여된 권위주의 정권에서 활용됐던 정권유지 수단이다. 음습하기 짝이 없다. 민주화 이전 주된 사찰 대상은 대학과 노동계였다. 정권에게 위협적인 존재에게는 어김없이 사찰이 이뤄졌다. 80년대 초 유시민 전 의원의 '서울대 프락치 사건'은 학원 사찰 과정에서 빚어진 대표적인 사건으로 기억된다. 90년대 초에도 보안사의 불법적인 학원 사찰이 한 병사를 통해 폭로돼 정치 쟁점이 되기도 했다. 하지만 민주화 이후 사찰 논란은 아련한 과거의 추억이었다. 국무총리실 산하 공직윤리지원관실의 '민간인 불법 사찰 사건'이 불거지기 전까지는 말이다.

'트위터와 사찰'은 한국사회의 현재 모습이다. 양립하기 어려운 두 단어가 상징하듯 미래와 과거가 공존하고 있다. 다만 미래의 가치를 중시하는 흐름이 앙시앵레짐(Ancien régime, 구체제)을 꿈꾸는 흐름을 압도하고 있다는 게 중요하다. 절반의 임기를 넘어선 이명박 대통령이 지난 13일 트위터를 접했다고 한다. 청와대 뉴미디어비서관실에 들렀다가 국민들 요청에 PC 앞에 앉아 다양한 대화를 나눴다는 것이다. 직접 PC 타자를 쳤다고도 한다. 청와대가 이를 공개한 것은 국민과의 소통을 강화하겠다는 뜻으로 읽힌다. 민심을 소중히 하겠다는 의지로 받아들여진다. 그 뜻이 퇴임 때까지 이어지길 바란다. 구두선口頭禪에 그칠까 걱정이 적지 않다.

오늘의 코멘트

이 글은 BBS가 한때 신문을 발행할 당시 2010년에 썼던 글이어서 인터넷에도 남아 있지 않았어요. 제 블로그에 저장돼 있어 다행이었지요. 해묵은 취재수첩임에도 책에 넣기로 것은 현재의 교훈이 적지 않기 때문이에요. 십수 년 전의 일임에도 오늘의 상황처럼 받아들여지는 것이 오히려 이채롭잖아요. 세월이 꽤 흘렀는데도 변화가 없다는 뜻이니까요. 그만큼 현재의 정치권력이 국민과의 소통에 인색하다는 의미예요. 국민들은 과거세력과 미래세력 가운데 늘 미래세력을 선택해왔지요. 정치의 현실적 목적이 권력이라면 윤석열 대통령부터 이 글에 귀 기울이는 게 도움이 되지 않을까 싶어요.

김훈 선생과 잠두봉蠶頭峯의 눈물*

BBS 칼럼, 2017-10-17

유난히도 높은 하늘이다. 눈이 시릴 만큼 깊고 푸르다. 조금은 서늘한 강바람이 금세 시원해진다. 때늦은 수상 스키에 밤섬이 그 곁을 내준다. 강변에서 걷고 뛰는 이웃들 모습에서 여유와 힘이 느껴진다. 차창에 스치는 한강도 좋지만 그 굴곡을 천천히 훑어가며 감상하는 파노라마는 절경 그 자체였다. 나는 이렇게 지난 주말 자전거로 한강변을 따라가며 아름다운 서울의 한 단면을 엿볼 수 있었다. 하지만 그 눈부신 경관 한켠에는 역사의 아픔을 짙게 간직한 유적지가 자리 잡고 있다. 자전거를 세우고 그 현장을 찬찬히 둘러보는 동안 어느 틈에 어둠이 밀려왔다. 손에 잡힐 듯 그리 멀지않은 150년 전 어두운 우리 근대사近代史처럼 말이다.

마포대교 아래 강변에서 자전거로 10분 남짓 달리면 양화대교 밑을 지나게 된다. 양화楊花라는 이름은 인근 강변에 갯버

* http://news.bbsi.co.kr/news/articleView.html?idxno=847010

한강 당산철교 옆 잠두봉

들이 많아서 붙여졌다고 한다. 양화진楊花津의 유래라고 할 수 있다. 그 바로 옆에는 툭 튀어나온 절벽이 보이는데, 누에고치의 대가리같다고 해서 '잠두봉蠶頭峯'이다. 한때 한강의 명소였다고 하지만 지금은 그렇지 못하다. 거기서 수많은 천주교 신도들이 목숨을 잃었기 때문이다. '절두산截頭山'으로 더 익숙해졌다. 소설 『흑산黑山』(김훈 지음, 학고재, 2011) 이 쓰여진 계기가 바로 이곳이다. 김 선생은 일산 집으로 귀가할 때면 절두산을 보고 심한 압박감을 느꼈다고 한다. 그래서 "피 흘리며 나아간 사람들을 두려워하고 괴로워하며" 썼다고 작품 후기에서 적고 있다. 서학西學으로 불린 천주교는 당시 '사학邪學'으

로 몰려 1만 명 이상이 희생당했다. 다산 정약용의 셋째형 정약종도 용산 새남터에서 처형됐다.

잠두봉에 조성된 추모비에 머리를 숙이고 돌아서니 이번에는 저 멀리 강원도 홍천의 '자작고개'가 떠올랐다. 한강을 거슬러 다슬기가 많이 잡힌다는 홍천강 옆에 있는 고개다. 피가 자작자작 고여 있다 해서 붙여진 섬뜩한 지명이지만 그 유래를 알고 나면 가슴이 먹먹해진다. 나 역시 서울로 복귀하기 전 강원도에서 마지막으로 둘러보며 그 나지막한 언덕에서 스러져간 수많은 농민들을 떠올렸었다. 공주 우금치 전투에 앞서 강원도 동학東學 농민군 최후의 결전장이 바로 자작고개다. 1970년대에 와서야 도로를 만들며 숱한 유골이 발굴됐고 그제야 후손인 주민들이 위령탑을 세울 수 있었다고 한다. 아직도 음력 10월이면 같은 날 제사를 지내는 집들이 자작고개 인근에 꽤 있다는 얘기도 들었다.

한강변을 따라 집으로 돌아오는 길은 이미 어두웠다. 자전거를 오른편에 끌며 천천히 걸었다. 강가를 비추는 가로등은 밝았지만 페달을 밟기에는 상념이 많았다. 동학東學과 서학西學 그리고 숱한 백성들의 희생. 김훈 선생이 잠두봉을 지나치며 느꼈던 압박감을 이해할 수 있을 것 같았다.

오늘의 코멘트

김훈 선생의 역사 소설은 늘 뭔가를 전해줘요. 뒤늦게 읽은 『흑산』이 이 칼럼의 계기가 됐는데, 김 선생처럼 자전거로 절두산을 둘러보면서 뭔가 글이라도 써야 한다는 압박감을 느꼈지요. 절두산 성지의 아픔과 함께 권혁진 박사와 강원도 로컬 방송에 담았던 유적 아닌 유적지 자작고개의 슬픔. 구한말 절두산에서도 자작고개에서도 수많은 백성들이 스러져갔는데, 그 역사의 교훈을 잊지 말아야 한다는 생각이 강했어요. 숙부님이 절두산 성역화에 애썼던 이유도 마찬가지가 아닐까 싶습니다. 내년에는 『하얼빈』(김훈 지음, 문학동네, 2022)에 나오는 안중근 의사의 유적지를 찾아가고 싶어요.

"어둠은 빛을 이길 수 없다." _촛불혁명 1주년에 부쳐*

BBS 칼럼, 2017-10-28

지금도 광화문 광장에 서면 나도 모르게 읊조리는 노래가 있다. 짧지만 깊이가 있고 평범하면서도 경건한 노랫말. 거기에 비장하면서도 슬프지 않고 조용하면서도 경쾌함마저 느껴지는 곡조. 부를수록 마음에 사무치는 의지. "어둠은 빛을 이길 수 없다. 거짓은 참을 이길 수 없다. 진실은 침몰하지 않는다. 우리는 포기하지 않는다." 세월호 유가족만의 노래는 아니었다. 누구든 따라 부를 수 있었다. 함께 크게 부를 수도, 혼자 흥얼거릴 수도 있었다. 오랫동안 전해져 내려온 구전가요와도 같았다. 그렇게 큰 목소리로 모아질지 몰랐다. 불과 1년 전 일이다.

11월 5일 토요일 오후. 오늘은 꼭 나가야 할 것 같았다. 몸도 편치 않은 후배의 채근이 한몫을 했다. 지하철은 이미 만원이었다. 주말에 좀처럼 보기 힘든 모습이었다. 이미 지하철 승

* http://news.bbsi.co.kr/news/articleView.html?idxno=849067

객 대부분이 그곳을 향해가고 있음을 피부로 느낄 수 있었다. 친구, 연인, 동료, 선후배, 가족 등 관계는 다양해 보였지만 복장은 간편했고 눈빛은 맑았다. 혼잡하기는 러시아워와 다르지 않았지만 서로 밀지 않으려는 배려는 뭔가 따뜻함을 전해주고 있었다. 목적지가 같은 승객 간에 느끼는 무언의 안도감과도 같은 것이었다. 역시 다들 광화문역에서 내렸고 지상으로 올라가기까지 시간이 걸렸다. 주최측 추산 30만 명. 촛불집회가 시작된 지 두 번째 주말 만에 광장을 가득 메웠다. 고 백남기 농민의 장례식이 치러졌던 그날이었다.

11월 26일 일요일 저녁. 당시 야당 의원 한 분이 전화를 주셨다. 근황과 함께 자연스레 시국에 대한 얘기를 주고받았다. 과거 〈박경수의 아침저널〉을 진행하듯 질문과 답변이 한참동안 이어졌다. "의원님은 지금 상황을 어떻게 보시나요?" "과거 IMF 외환위기 때를 생각해봐야 하는데 지금은 경제가 걱정이에요." "제가 직접 나가보니 시민들의 분노가 30년 전 6월항쟁 당시를 뛰어넘습니다. 대통령 탄핵을 주저해서는 안 될 거 같아요." 나는 광장에서 느꼈던 언론인으로서의 감회를 비교적 솔직하게 전했다. 그리고 그 이튿날 아침, 나는 월요일 출근길에 한 라디오방송에서 인터뷰하는 그 의원의 목소리를 들을 수 있었고 보다 자신감 있는 야당 입장에 흐뭇했던 기억이 있다. 그로부터 2주가 채 되지 않아 국회에서는 대통령 탄핵안이

2차 촛불집회
(2016년 11월 5일)

1백만 명을 돌파한 3차 촛불집회(2016년 11월 12일, 서울광장)

가결됐다.

1백만 명이 넘기도 했다. 2백만 명이 넘기도 했다. 하지만 어느 순간부터는 참여인원 수가 그리 중요하지 않았다. 광장에 있든 없든, 촛불을 들었든 안 들었든 서로의 마음에는 차이가 없었던 거다. 모두가 헌법 제1조 1항과 2항을 읊조리고 있었기 때문이다. "대한민국은 민주공화국이다. 대한민국은 민주공화국이다. 대한민국의 모든 권력은 국민으로부터 나온다."

오늘의 코멘트

2016년 11월은 정말 뜨거웠지요. 1789년 프랑스혁명에 비견될 만큼 역사적인 상황이었어요. 부패한 권력에 대한 국민의 저항에 국회가 답하고 유혈 충돌 없이 새로운 권력이 만들어지는 상황…. 1960년 4·19혁명, 1980년 광주 민주화운동,

1987년 6월 민주항쟁에 이은 2016년 촛불혁명. 어쩌면 대한민국 민주화의 완성판과도 같았어요. 이후 한반도에 불어온 훈풍도 그 영향이었다고 봐야죠. 하지만 아쉽게도 경제정책의 실패와 정치권의 오만한 이미지는 뜻밖의 아이러니한 정권교체로 이어졌지요. 역사는 전진과 후퇴를 반복하지만 결국 전진한다고 하잖아요. 그 전제는 과거의 반성이겠지요. 민주개혁세력의 반성과 정치변화가 시급하다는 생각이 드네요.

닉슨과 트럼프 그리고 한반도*

BBS 칼럼, 2018-04-22

미국의 민주주의를 거론할 때면 자주 거론되는 인물이 있다. 제37대 대통령 닉슨Richard Nixon이다. 1960년, 케네디와의 첫 TV 토론으로 미 정치사의 한 페이지를 장식했고 정계 은퇴와 복귀를 통해 대권을 장악하는 '닉슨 플랜'이라는 대선 전략으로 유명한 인물이다. 1968년, 사실상 30여 년 만의 공화당 정권 교체로 불리는 대선에서 이겼다. 하지만 대중적이지 못했고 언론에게는 꽤 인기가 없었던 모양이다. '펜타곤 게이트'(1971)에 이어 '워터게이트'(1972)로 재임 중 대통령직에서 물러나게 된다. 특히 뉴욕타임즈, 워싱턴포스트 등과 수정헌법 제1조 '표현의 자유'를 놓고 다투는 상황은 지난달 개봉한 영화 〈더 포스트The Post〉(스티븐 스필버그 감독, 2018)에 잘 담겨져 있다. 그렇다고 닉슨의 업적이 없었던 것은 아니다. 이른바 '핑퐁외교'로 알려진 중국과의 관계개선은 외교 치적으로 꼽힌다. 파리 평화협정

* http://news.bbsi.co.kr/news/articleView.html?idxno=876622

을 통한 미군의 베트남 철수도 마찬가지다. 모두 '워터게이트'에 묻혀버렸지만 말이다.

닉슨만큼 언론과의 관계가 좋지 못한 이가 바로 현직 대통령 트럼프Donald Trump다. 미 언론은 우리나라와 달리 후보에 대한 지지를 표명할 수 있는데, 지난 대선 당시 대부분 힐러리를 지지했다. 트럼프는 자신에 대한 의혹 제기를 '가짜뉴스'로 규정 지으면서 트위터를 통해 맞섰고 그 전선戰線은 지금도 진행형이다. 항간에는 트럼프가 최근 인터넷 쇼핑몰 '아마존'을 성토해 주가를 떨어트리는 것이 아마존이 워싱턴포스트의 소유주이기 때문이라는 분석이 많다. 문제는 대중들의 평가다. 지난해 11월 공화당의 텃밭 앨라바마에 이어 지난달에는 러스트 벨트, 펜실베니아 연방하원 보궐선거에서 민주당 후보에게 졌다. 11월 중간선거를 앞두고 있는 트럼프를 고민스럽게 하는 대목이다. 여론의 흐름을 반전시킬 카드가 필요한 시점이라는 데 이견이 없어 보인다.

대중적인 인기가 없고 언론과의 소통도 부족한 미국 대통령이 해외에서 큰 성과를 노리는 것은 다분히 전략적이다. 하지만 군사적 성과보다 외교적 성과를 추진하는 것은 다행이다. 특히 그 전략이 담아낼 수 있는 역사적인 여지가 충분하다면 의미가 크다. 닉슨이 첫발을 디딘 중국과의 관계는 7년 후 다음 대통령인 카터 재임시 미·중 수교로까지 발전했다. 트럼프가 시작하려는 북한과의 대화가 훗날 어떤 결과로 이어질지 궁금해지는 이유가 여기에 있다. 우리에게는 그 궁금함이 너무도 절실한 현실적 과제다. 성추문에 휩싸였어도 트럼프에 대한 평가와 기대가 커지는 건 그런 이유가 아닐까 싶다.

오늘의 코멘트

글은 시의성이 생명이어서 그 글이 쓰여진 시점에 주목해야 해요. 2018년 4월 22일. 판문점 남북정상회담을 닷새 앞둔 때였고 전문가들은 북미정상회담의 징검다리로 평가하고 있었죠. 그 키를 미국의 대통령이 갖고 있다는 것은 삼척동자도 아는 사실이었고, 그 평범한 시각에서 미국의 외교사를 점검하며 트럼프의 생각을 들여다보고 싶었어요. 이게 이 칼럼을 쓴 배경이지요. 특히 당시는 제가 대학원에서 성실히 공부할 때여서 '미국 정치사' 수업이 적잖이 도움이 됐어요. 실제 그해 6월 12일 싱가포르에서 역사적인 북미정상회담이 열리게 되잖아요. 최근 미국의 여론조사를 보면 차기 대선주자로서 트럼프의 영향력이 만만치 않던데, 한반도 정세와 관련해 여러 가지 생각이 드네요.

금강산金剛山의 추억*

BBS 칼럼, 2019-11-03

1999년 3월의 첫 주말, 장전항에는 비가 흩뿌리고 있었다. 금강호 객실에서 뿌연 창문을 통해 내다본 북녘 땅은 날씨 때문인지 더 을씨년스러웠다. 배에서 내려 검문소를 통과해 현대버스에 오르기까지 다들 말을 아꼈다. 관광의 기분을 내기 시작한 것은 목란관을 지나 외금강에 오르며 그 장엄함과 아름다움을 느끼면서부터가 아닌가 싶다. 천선대에서 바라본 비경이 구룡폭포에 다다라서는 함박눈과 함께 또 다른 절경을 보여줬다. 지금도 꽤 많은 아날로그 사진이 남아 있어서 무엇보다 내 기억에 오롯이 남아 있다.

금강산을 만난 것은 정비석의 수필 「산정무한山情無限」이 처음이 아닐까 싶다. 국어 교과서에 실린 글을 보며 마의태자를 생각했던 게 어제 같다. 그다음은 아마 〈그리운 금강산〉인 듯한데, 그 노래를 들을 때면 가곡의 웅장함 이상으로 분단의 서

* http://news.bbsi.co.kr/news/articleView.html?idxno=958901

글픔이 가슴으로 전해졌었다. 가보고 싶다는 헛된 상상이 현실로 가시화되기 시작한 것은 1998년 6월이다. 고 정주영 현대 명예회장이 소 500마리를 몰고 방북하면서부터다. 당시 소를 실은 트럭 50여 대가 이른 아침 떠오르는 해를 등지고 자유로를 달리던 장관을 잊을 수 없다. 연로한 탓에 승용차에서 혼자 내리기도 쉽지 않았지만 정 회장의 눈매에 담긴 의지는 취재기자인 내게 고스란히 전해졌다. 결국 정 회장이 한 번 더 방북해 김정일 국방위원장을 만난 뒤인 11월18일, 역사적인 금강산 관광은 닻을 올릴 수 있었다. 처음에는 먼 바닷길을 밤새 돌아서 갔지만, 나중에는 비무장지대를 지나 가까운 육로를 통해 오갈 수 있었다. 가기 편해지면서 이산가족들도 거기서 만났다. 문재인 대통령의 어머니 고 강한옥 할머니가 북한의 막냇동생을 만난 데도 그곳이었다. 200만 명 가까이가 오갔다. 2008년 7월, 민간인 피격사건이 일어나기 전까지 말이다.

지난달 국립중앙박물관을 찾았다. 조선시대 실경산수화實景山水畵를 감상하기 위해서였다. 실경산수화는 실물 그대로를 화폭에 옮기는 것인데, 역시 조선의 화가들 시선은 금강산에 맞춰져 있었다. 겸재 정선을 시작으로 강세황, 김윤겸 그리고 정조의 명을 받은 김홍도, 김응환에 이르기까지 봉래산, 풍악산, 개골산의 수려함이 이어졌다. 지금은 흔적만 남아 있는 장안사長安寺, 유점사楡岾寺의 옛 모습도 만날 수 있었다. 넓지 않

금강산 목란관 앞(왼쪽에서 다섯 번째가 박경수 기자. 1999년 3월)

은 전시관을 갤러리들과 부대끼며 두 번이나 돌았다. 박물관을 나서며 내금강을 가보고 싶은 마음이 커졌다. 옛 선인들의 화폭을 통해서가 아니라 내 발로, 내 눈으로 말이다. 금강산의 추억을 더하고 싶은 게 비단 나만은 아닐 텐데….

오늘의 코멘트

금강산은 두 번 갔지요. 한번은 바닷길로 한번은 육로로. 처음 방문할 당시의 긴장과 흥분이 글에 그대로 담겨 있네요. 1999년 3월 초봄이었는데, 하산하면서 눈을 꽤 많이 맞았어요. 눈 덮인 금강산이 참 아름답더라고요. 그 기억이 새롭네요.

제가 이 칼럼을 쓴 때가 2019년 말이니까, 2월 베트남 하노이에서의 2차 북미정상회담이 결렬된 뒤 한반도 정세가 다시 경색되던 시점이에요. 당시의 안타까움이 이 글의 시작이었는데, 직접적인 계기가 되어준 건 국립중앙박물관에서 감상한 금강산 그림들이었어요. 금강산을 못 가본 분들이 아직도 많잖아요. 다들 가보셔야죠. 근데 한반도 정세가 점점 악화되니 걱정이에요.

가짜뉴스와 언론의 자유

2023-10-5

항저우 아시안게임 열기가 뜨겁던 지난 10월 4일, 한덕수 국무총리의 국무회의 발언 소식을 듣고 적잖이 놀랐다. 한국과 중국의 축구 8강전 경기와 관련해, 포털 사이트 '다음'의 응원페이지가 중국 응원으로 도배된 게 '여론 조작'이라면서 이에 대응하는 '범정부적 태스크포스(Task Force; TF)'를 구성하라는 지시였다. "가짜뉴스는 민주주의 근간을 흔드는 심각한 재앙"이라는 게 그 이유였다.

한국 사이트에 중국 응원이 압도적으로 많은 건 분명 자연스런 일은 아니다. 하지만 이게 범정부 태스크포스를 설치하고 '민주주의 근간을 흔든다'고 호들갑을 떨 정도로 중대차한 일인가. 정부 여당은 "포털이 여론을 왜곡할 수 있는 가능성을 보여준 것"이라고 말하지만, 스포츠 응원에서의 '편파 여론'이 선거나 정치의 여론 왜곡 또는 조작으로 이어지리라 보는 건 비약일 뿐이다. 가령 네이버 프로야구 중계를 보면, 자기가 좋아하는 팀을 클릭해서 응원할 수 있다. 어떤 날은 맞붙은 두 팀

간의 응원 숫자가 비슷하지만, 어떤 날은 1백만 명 대 4~5백만 명으로 여러 배 차이가 난다. 중복 클릭이 가능하기 때문이다. 이 클릭 숫자로 그 팀의 실력이나 인기를 가늠하는 이는 없고, 그 숫자에 큰 의미를 부여하는 팬도 없다. 지금 정부 여당 논리대로라면, 이런 식의 프로야구 응원도 '민주주의와 여론을 왜곡하는 심각한 일'이 될 수 있는 것이다. 왜 이리 자꾸 오버를 하는지, 정치적 의도를 의심할 수밖에 없다.

나는 시사프로그램을 진행한 앵커였고, 방송기자였다. 과거에 텔레비전이든 라디오든 방송을 통한 뉴스의 전달은 조작이나 왜곡의 가능성이 그리 높지 않았다. 활자로 뉴스를 전달하는 신문 역시 마찬가지였다. 누가 기사를 전달했는지를 분명히 알 수 있고, 증거가 뚜렷하게 남기 때문이었다. 뉴스의 신뢰도 역시 지금과 비교하면 현저하게 높았다.

하지만 온라인 시대엔 뉴스의 출처를 확인하는 일이 매우 어려워졌다. 유포도 손쉽다. 독자의 구미를 끌면 저절로 공유 또는 리트윗 되면서 온 나라, 전 세계로 퍼져나간다. 그 점에서 이런 조작된 정보가 '민주주의 근간을 흔든다'는 말은 사실이다.

그런데 이것을 과연 '뉴스'라고 부를 수 있을까. 저널리즘 학계에서 통용되는 가짜뉴스의 정의는 '잔혹한 기사 제목이나 의도적으로 조작된 사진과 영상을 혐오 목적으로 마치 기사처럼 거짓으로 꾸민 거짓말 또는 선동'이다. 즉, 뉴스의 외피를 쓰고 있을 뿐 뉴스 또는 기사라고 부를 수 없는 조작된 정보일 뿐이다.

그래서 나는 개인적으로 '가짜뉴스'(fake news)라는 명칭 대신에 '거짓 정보', '조작 정보' 같은 말을 쓰는 게 더 적합하지 않을까 생각한다. 가짜뉴스라는 말엔 '모든 뉴스는 허위일 수 있다'라는 언론 불신이 밑바닥에 깔려 있다. 윤석열 정부에서 가짜뉴스 척결을 특히 강조하고 이를 위한 범정부 태스크포스까지 언급하는 게 불편한 이유가 여기 있다. '가짜뉴스'라는 프레임 속에서 현 정부가 자기 입맛에 맞지 않는 뉴스와 언론을 배제하고 탄압하려 한다는 생각이 드는 건 왜일까. 지금도 〈박경수의 아침저널〉을 진행하고 있다면, 내가 말하는 비판적 코멘트나 출연자 발언 가운데 어떤 게 가짜뉴스라는 올가미에 걸릴지 알 수 없다는 생각에 가슴이 덜컹 내려앉는다.

이것이 나만의 기우杞憂에 불과한 건 아닐 듯싶다. 얼마 전 경찰은 탐사보도 전문인 '뉴스타파'를 압수수색했다. 뉴스타파가 2022년 대선을 앞두고 보도한 대장동 사건 녹취파일이 선거판을 흔들기 위한 희대의 선거 공작이었다는 이유에서다. 이 파일을 뉴스타파에 제공했던 신학림 씨(전 전국언론노동조합 위원장)가 대장동 사건 주역 김만배 씨로부터 1억6천만여 원을 받은 건 사실이다. 뉴스타파가 이 사실을 미처 확인하지 못한 책임은 있다. 그러나 그것이 녹취파일에 담긴 내용 자체의 신빙성을 모두 부정하는 건 아니다. 녹취파일을 들어보면, '돈을 주고 만든 허위 인터뷰'라기보다는 자연스러운 사적인 대화에 가깝다. 그런데도 '가짜 인터뷰'로 몰아가며 국내에서 독보적인 탐사보도 매체를 압수수색하는 건 명백히 비판 언론에 재갈을 물리려는 시도로 보인다. 만약 현 정권에 우호적인 매체가 미처 확인하지 못한 보도를 했어도 검찰은 똑같이 행동했을까. 책 서두에도 썼지만 지난 2013년 말 '유사보도' 논란이 떠오른다.

최근 여성가족부 장관에 지명된 김행 씨가 창업한 인터넷 매체 '위키트리'는 2019년 이후 57건의 기사에 대해 언론중재위의 제재 또는 조정을 받았다고 경향신문은 보도했다. 이런 내용을 보도한 경향신문 사설 제목은 「가짜뉴스 척결 외치더니 가짜뉴스 장본인을 장관 앉힐 건가」였다. 유독 뉴스타파와 같은 진보 언론의 '가짜뉴스 척결'에만 목소리를 높이는 현 정부의 이중 잣대를 잘 보여주는 사례다.

과거에도 조작된 정보 또는 의도적으로 왜곡한 여론은 있었다. 중세 시대, '마녀가 전염병을 퍼뜨린다'라며 일부 여성을 마녀로 몰아 화형에 처했던 건 단적인 예다. 정치적 목적을 위한 정보 왜곡과 조작은 어제 오늘의 일은 아니지만, 요즘 들어 그 위험성이 훨씬 더해진 건 온라인을 통해 단시간 내에 급속도로 퍼질 수 있기 때문이다. 미국 대선이 개표 부정으로 얼

룩져 자신이 패배했다는 도널드 트럼프 미국 대통령의 선동은 2021년 1월 트럼프 지지자들의 유례없는 미 의사당 난입 사건으로 번졌다. 거짓 정보를 태연하게 트위터에 써서 올렸던 트럼프 사례에서 보듯이, 정말로 '가짜뉴스'는 민주주의를 위태롭게 만든다.

하지만 그 대응은 비판 언론을 가짜뉴스로 몰아세우거나 검찰 수사, 압수수색, 폐간을 언급하며 압박하는 식으로 이뤄져선 안 된다. 스포츠 경기의 댓글을 이유로 범정부 태스크포스를 구성하는 식의 부풀려진 대응도 정도가 아니다. 온라인 시대의 난제인 '가짜뉴스'(정보 조작) 문제를 풀기 위해선 진보·보수를 가리지 않고 온 사회가 머리를 맞대고 차분히 해법을 찾아 나가야 한다. 최근의 언론 상황을 보면서, 전직 언론인으로서 더 마음이 무거울 따름이다.

이제 '새로운 길'에서 만나요!

언론사를 떠나면서 제 희망은 건강과 여유를 되찾는 것이었어요. 솔직히 육체적으로나 정신적으로 너무 힘들었거든요. 실제 퇴사 직전 건강검진을 했는데, 무려 세 군데에서 추적관찰이 권고돼 대형 병원에서 심층 검진을 받아야 했죠. 난생처음 MRI 검사에 이어 조직검사까지 받았으니 극도의 위험한 상황을 맞은 거예요. 지난해 여름은 그렇게 걱정 근심 속에 병원을 오가느라 더위를 느낄 여유도 없었던 거 같아요.

그때 가슴에 떠올렸던 글귀가 있지요. "懸崖撒手丈夫兒(현애살수장부아)." 백범 김구 선생이 윤봉길 의사에게 했던 말로 알려져 있어요. '벼랑에 매달렸을 때 손을 놓아버리는 게 진정한 대장부'라는 뜻이에요. 불교 경전 『화엄경』에 나오는 말인데, 집착을 버려야 한다는 의미지요. 생명에 대한 집착을 버리니 마음이 편해지고 그러다 보니 건강의 반전이 이뤄진 게 아닌가 싶어요.

병원을 오가던 지난해 여름, 56년 세월이 주마등처럼 스쳐

갔답니다. 마포의 어린 시절부터 신석초교, 수도중, 환일고, 연세대로 이어진 학창시절, 철원에서의 군 복무, BBS불교방송에서의 언론인 생활까지. 택시기사로 형제 언론인을 키운 선친과 늘 곁에 계신 어머니를 비롯한 우리 가족 모두의 얼굴이 떠오르더라고요. 특히 29년간의 언론인 생활을 반추해보게 됐지요. 기자 생활을 제대로 한 것인지, 방송을 올곧게 한 것인지, 억강부약抑强扶弱·정론직필正論直筆의 자세를 잃지 않았던 것인지 등등. 결국 앞으로 주어지는 생의 시간은 따뜻한 마음으로 공익의 기조에서 인생을 이어가겠다고 생각을 정리하게 되었습니다.

건강의 반전이 이뤄지면서 우연치 않게 지방대학에서 일할 수 있는 기회가 주어졌고 저는 흔쾌히 받아들였죠. 강원도와는 인연이 있는 거 같아요. 서울에서 배울 수 없는 여러 가지를 깨닫게 됐어요. 이렇게 책을 내는 계기도 마련하게 됐고, 새로운 길마다 문을 열어주는 것 같아 감사할 따름이죠. 윤동주 시인의 「새로운 길」이 떠오르네요.

고마운 분들이 많아요. 동생의 글을 꼼꼼히 감수해준 형님(박찬수 한겨레신문 대기자)을 비롯한 가족 모두와 늘 곁에서 응원해주는 나의 사랑 그리고 음으로 양으로 책 출판을 도와주신 모든 분들께 감사를 전합니다.

이제 책을 마무리할 때가 된 것 같아요. 오늘의 클로징 음악도 〈박경수의 아침저널〉 시즌II 첫날과 마지막 날에 애청자들과 함께 들었던 곡을 듣고 싶어요. 영화 〈비긴 어게인〉의 OST 중에서 〈로스트 스타즈〉. 어디선가 지치고 힘들어하는 선후배 언론인들이 많이 계실 텐데요. 모두 힘내서 더 어려운 우리 이웃들을 위해 다시 시작하자는 의미예요. 저도 다시 시작합니다. 힘냅시다. 파이팅!

2023년 '아침저널, 박경수입니다'는 여기까지입니다. 애청자 여러분, 고맙습니다. 내년 '새로운 길'에서 만나요.

2023년 10월

마포 공덕동에서

뒤풀이 조찬 회동

김세희·이정수·김홍국

방송을 마치고 나면 콩나물 해장국으로 출연자들과 스태프들이
아침 식사를 함께하곤 했는데 그 시간이 가끔 그립습니다.
〈박경수의 아침저널〉 시즌I을 함께한 메인 작가 김세희 씨와
〈박경수의 아침저널〉 시즌II에 고정 출연했던
문화 패널·정치 패널 두 분이
독자들과 콩나물해장국을 함께 먹는 기분으로
나누고 싶은 이야기가 있다고 합니다.

〈박경수의 아침저널〉, 이렇게 만들어졌다

_김세희 작가

나를 키운 8할 '박경수 국장'

10년 전 나는 휴먼다큐멘터리 작가였다. 사람들을 만나서 그분들이 살아온 이야기에 귀 기울이고, 글을 쓰고, 촬영을 어떻게 할지 구성하고, 실제 촬영이 이뤄진 뒤 마지막으로 편집된 영상이 손에 들어오면 한 단어 한 단어 고심하며 내레이션을 써나가는 게 나의 일이었다.

성우의 다큐멘터리 내레이션이 어떻게 하면 시청자들의 귀에 잘 들릴 수 있을까? 마음을 울릴 수 있을까? 노트북 앞에 앉아 단어를 고르고 지우고, 다시 쓰고, 내 목소리로 읽어보고, 처음부터 다시 쓰기도 하고, 마지막 단 한 줄이 생각나지 않아 몇 시간을 고민하며 작업하는 일상이었다.

10년이 흘렀다. 나는 지금 세상에서 둘도 없이 바쁘다는 모 방송국 시사 작가다. 단어를 고심해서 쓴다? 나에게 그런 시간이 있었던가? 보도국에서는 손가락이 보이지 않을 정도로 빠르게 움직인다. 그래도 방송 시간에 맞추기 힘들다. 왜냐하면 오후 1시 생방송을 앞두고 회의가 오전 10시에 마무리되면 그때부터 원고를 쓰는데, 들어오는 속보들을 실시간으로 원고에 반영하고, 패널들을 위한 질문을 작성하고, 참고 자료를 붙여주다 보면 부디 5분만 더 시간이 내게 주어진다면 얼마나 좋을까, 늘 이런 생각을 하며 손가락을 움직인다.

나는 지금 모 방송국 보도국에서 전국 시청률 상위 프로그램 작가다. 나를 여기까지 오게 만든 가장 큰 일등공신은 〈박경수의 아침저널〉이다. 아니, 박경수 국장님(당시는 정치외교부장)이다. 지난 2013년 BBS 〈박경수의 아침저널〉에서 작가를 뽑는다는 공고가 났을 때 무작정 지원한 이유는, 시사프로그램을 해보고 싶어서도 아니고, 라디오 작가가 되고 싶어서도 아니었다. 단지 BBS불교방송이었기 때문이었다.

마포역 앞에 있는 불교방송 본사 다보빌딩은 집에서 걸어갈 수 있을 정도로 가까웠고, 우리 집안이 불교여서 '부처님의 가피로 인연이 닿지 않을까' 하는 마음이 한구석에 있었다. 시사프로그램 경력 단 1도 없었지만, '어떻게든 되지 않겠어' 하는 마음으로 이력서를 냈다.

면접을 보러 방송국을 찾아가니 박경수 앵커가 갑자기 볼 일이 있다며 신문을 주셨다. 신문을 읽고 있으라는 거였다. '하? 이 시대에 종이 신문이라.' 오랜만에 종이 신문을 펴들고 주섬주섬 읽고 나니 이번에는 믹스커피 한 잔을 내밀며 면접을 보자고 했다.

면접을 보며 박 앵커는 방송에 출연하고 있는 정치인 등 프로그램을 설명하며 이런저런 질문과 이야기들을 건네셨다. 여야 정치인들의 이름은 낯설기만 했다. 휴먼다큐멘터리 작가에게 새누리당 원내대표, 민주당 대변인의 이름은 지도에도 보이지 않는 도시의 지명처럼 생경했다. 내 표정을 보고 아마 눈치를 챘으리라! 이 작가는 시사나 정치 전문 작가는 아니다! 대충 고개를 끄덕이고 면접을 보고 나오며 불합격을 직감했다. 그런데 사람 마음이란 것이 참 이상하다. 명백하고 분명히 마음 한켠에 이런 느낌이 들었다. '이렇게 끝날 인연은 아닌 것 같은데!'

내 촉대로 일단 불합격하긴 했지만 〈박경수의 아침저널〉 작가가 돼 꽤 오래 일하게 된다. 그 이유는 합격한 작가가 따로 있었는데 그만 일주일 만에 대상포진에 걸려 입원하면서 대타가 필요하게 됐고, 우여곡절 끝에 적응을 하며 무려 2년 가까이 함께하게 된다. 그 이후 나는 타 방송 보도국 작가로 고속도로를 달리게 됐다.

자, 왜 '우여곡절'이란 단어를 꺼내 들었는가? 이야기했다시피 나는 정치인은 물론이고, 정치의 이런저런 사안들, 부끄럽지만 국회에 상임위원회가 있고 대정부 질문이 열리고, 국회에 회기가 있는 줄도 몰.랐.다.

밑천 없는 것을 어찌 속이랴. 대본을 쓰다 보니 실수연발! 정치부와 사회부 기자로 20년 동안 있었던 박 앵커는 인터뷰 질문을 읽으며 깊은 한숨을 내쉬고, 오랜 시간 수정하고, 불러서 혼내고, 때로는 방송 부스 안에서 짜증 섞인 목소리가 흘러나왔다. 한 달 정도 지나 그만둬야 하나, 고민을 하던 즈음 팀 회식이 잡혔다. 장소는 홍대 삼거리의 한 포장마차였는데 소주잔을 기울이며 서로의 고충을 이야기하기 시작했다.

이야기를 나누다 보니 서로가 왜 힘들었는지 이해하게 되었다. 나는 분발하고, 공부했고, 대본은 몰라보게 나아졌다. 방송도 삶도 모두 사람에 관한 일이라 인연에 좋은 에너지가 흐르면 바람의 방향도 바뀌고 좋은 기세를 타게 되는 것 같다.

어느새 나의 대본은 수정이 필요 없는 시사 전문 작가의 대본으로 바뀌기 시작했고, 청취율도 자리 잡고 앵커의 얼굴도 밝아졌다. 그 후 타 방송의 보도국 일이 들어오면 누구보다 잘 해내게 됐고, 지금의 자리에 설 수 있었던 것 같다.

사람 일은 모른다. 하지만 운이 좋다면 인간에게는 삶의 방향을 바꿀 수 있는 기회가 있는 것 같다. 좌충우돌 그 자체였던 나를 다그치고 혼내면서도 기다려준 박 국장님, 마음을 다잡고 노력했던 나 자신, 잘해보자는 마음으로 하나가 됐던 우리 팀, 이런 모든 풍경들은 동틀 무렵 방송국 창문으로 들어오던 오렌지빛 햇살을 받아 아름답게 물들었다.

다섯 평 정도 되는 라디오 스튜디오 부스에서 새벽 5시부터 아침 9시까지 아침을 함께 열었던 그 시절의 모든 인연들. 〈박경수의 아침저널〉을 위해 우리가 함께 웃고 울고 파도를 넘었던 시간들 모두 헛되지 않으리. 실제로 들리는 이야기에 의하면 당시의 인연들 너무 멋지게 잘 지내고 있다. 멀리서나마 그 시절의 인연들에게 그리고 지금의 나를 있게 한 박경수 국장님에게 손 흔들어 인사를 전한다.

새벽이슬에 젖은 콩나물국밥

알람1은 새벽 4시, 알람2는 새벽 4시 20분, 알람3은 새벽 4시 30분! 〈박경수의 아침저널〉을 맡고 있는 동안에는 잠들기 전 행복한 내일을 꿈꾸지 않았다. 만약 내가 알람을 놓쳐 늦게 일어난다면 어떤 일이 일어날까? 대본 펑크, 박 국장의 진노,

방송 사고, 온갖 불길한 상황을 시뮬레이션으로 머릿속에서 굴리며 새벽에 일어나야 함을 스스로에게 설득하며 잠들었다. 이런 긴장감 덕분인지 '나무늘보'라는 별명을 가진 게으른 내가 단 하루도 지각하지 않았다.

잠자리에서 일어난 뒤 바로 출근할 준비를 할 수도 없다. 내가 쓴 1부 정치인들의 전화 인터뷰 원고와 서브 작가의 2부 원고를 검토하고 취합하고, 졸린 눈을 비비며 따끈따끈한 뉴스를 검색해 오프닝을 쓴다. 하루의 에너지 절반 넘게 쓴 것 같은데 이제야 하루의 시작.

출근을 위해 밖으로 나서면 내가 사는 곳은 홍대 근처라, 심야의 음주를 즐긴 분들이 아스팔트에서 냉커피로 해장을 하며 아침을 맞고 있거나, 클럽 앞에서 첫차를 기다리고 있거나 청소하시는 분들이 분주하게 소주병들을 치우고 있었다. 잠이 들지 않는 도시 홍대지만 24시간 편의점의 불빛이 묘한 안도감을 주었다.

다보빌딩 16층 보도국에 들어서는 순간부터 시작되는 한 판 승부! 생방송을 앞두고 전화로 연결할 정치인들에게 "7시 20분 전화연결 아시죠?" 확인 전화에, 질문지 보내기, 오프닝 확정 후 최종 원고 출력, 전화연결 할 화제의 인물들에게 전화연결 시 유의사항 전달, 시청자들의 의견을 받을 시스템 점검!

유유히 떠가는 오리들이 수면 아래서는 발버둥을 치고 있는 것처럼, 완벽한 생방송을 위해 스텝들이 수십 가지를 확인 또 확인하는 것은 기본이다. 진땀과 고성이 난무하고 난 후, 드디어 온 에어!

"5월 1일 〈박경수의 아침저녁〉 시작합니다!" 마치 아무 일도 없었던 듯, 박 국장은 청량한 목소리로 방송의 시작을 알렸다.

두 시간 동안 방송을 진행하고 나면 녹초가 되는데, 우리의 몸과 마음을 녹여준 것은 아침 식사였다. 시그니처 메뉴는 도화동 뒷골목 식당의 허름한 콩나물국밥. 2시간의 긴장감과 보람 그리고 아쉬운 실수까지 달콤하고 시원한 모주 한 잔이 '괜찮다'며 감싸주었다. 여기에 뜨끈한 멸치 국물과 직영 농장에서 직접 공수해 온다는 탱탱하고 푸짐한 콩나물들을 함께 먹으면 '캬, 이 맛에 방송하는 거지!…' 우리는 말은 안 해도 서로가 그렇게 느끼고 있음을 알 수 있었다.

콩나물국밥

봄, 여름, 가을, 겨울로 이어지는 생방송의 강행군. 라디오 스튜디오 안의 온도는 냉방 온방 등으로 사계절 언제나 일정하지만 우리들의 마음은 그렇지 않았다. 봄철 프로그램 개편 때면, 다른 프로그램과 비교해 청취율이 뒤지지 않는지 노심초사했고, 여름이면 피서 가는 사람들을 부러워하면서 부글부글 끓기도 했다. 평일 매일 아침 생방송을 해야 하는 박 국장님과 우리에게, 휴가라고? '휴가가 대체 뭔가요?' 우리에겐 딴 세상의 이야기일 뿐이었다. 이런 한여름, 편의점에서 사 온 얼음 가득한 컵에 가루 커피를 타 먹는 맛이란! 가슴속까지 뻥 뚫어주는 것 같았다. 그 순간만은 라디오 부스가 세상 행복한 파라다이스였다.

한국인의 정은 먹을거리를 빼고 논할 수 없는 법! 유난히 정이 많았던 우리의 출연자들이 스텝들 고생한다며 두 손 가득 들고 오던 간식들은 새벽 출근의 고단함과 생방송이 가져오는 불안감, 긴장감을 지워주기에 충분했다. 방송 광고 나가는 그 짧은 시간 동안 먹는 바나나보다 더 달콤한 바나나는 지금껏 맛보지 못했다. 방송이 끝나고 생일을 맞은 스텝이 있으면 함께 케이크를 나누어 먹었는데 몸의 피곤함은 물론이고, 우리는 새벽을 여는 '원팀'이라는 연대감까지 선물해주는, 세상에서 가장 특별한 케이크였다.

'월화수목금' 매일 새벽에 출근하다 보면 방송 끝나고 걷기조차 버거운 하루가 있다. 이럴 때 우리들은 지하 매점으로 향했다. 10년 전에는 직접 손으로 김밥을 싸주는 할머니가 계셨는데, 일반적인 김밥이 아니라 충무김밥처럼 참기름과 간장으로 양념한 밥을 김에 싸서 주셨다. "오늘 방송 정말 좋았어요. 수고했어요." 진심 어린 응원과 함께 우리들이 둘러앉은 간이식탁에 놓아주시던 매점 할머니표 따뜻한 김밥과 라면을 함께 먹으면 그야말로 꿀맛! 화룡점정은 바구니에 놓여 있던 갓 삶은 따끈따끈한 달걀이었다. 지하 매점은 미슐랭 별 다섯 개를 줘도 아깝지 않은 〈박경수의 아침저널〉 식구들만의 맛집이었다.

"매점 할머니가 어디서 건강히 계신지 알 수 없지만, 우리들에게는 최고의 응원군이셨어요. 아침이면 가끔 아니 자주 그 고소한 참기름 향기를 풍기던 김밥이 그리워집니다."

또 다른 응원군은 보이지 않았지만

방송은 사람과 함께 하는 일이다. 그래서 방송을 하다 보면 우리네 인생처럼 별의별 일이 다 있다.

"저는 오늘 방송 못합니다. 돌아가겠습니다."

"네?"

한 정치 패널은 이렇게 고지하고 홀연히 떠나갔다. 생방송을 코앞에 두고. 이유는 무엇이었느냐? 작가들이 문을 늦게 열어 주어 상당히 불쾌하며 더이상 방송을 못하겠단 것이었다. 보통 직원들이 출근하지 않는 새벽 시간에 방송을 준비하다 보니 라디오 스튜디오가 있는 17층의 출입문은 보안상 잠겨 있었다. 작가들이 일부러 나가서 열어줘야 했는데, 문을 열어 주는 속도가 느리다는 것이 그 패널의 방송 하차 이유였다.

어쨌든 작가들이 원인이 됐고, 방송은 사고를 맞은 셈이고, 국장님에게 면목이 없었다. 무엇보다 함께 울고 웃고 했던 패널이 그렇게 돌변했다는 것이 충격이었다. 부스에서 출입문까지 30초 정도면 걸어가는데 그걸 늦었다고 탓하며 의전을 제대로 안 한다며 떠날 일인지…. 마음의 상처를 받지 않았다면 거짓말이다.

그 패널은 두 사람이 함께 하는 토론 코너의 한 패널이었다. 오늘 방송 어쩌나 고민하는 내게 남은 패널이 "제가 잘 해보겠습니다"라며 작가들을 안심시켜 주었다. 그 패널은 배종찬 여론조사 전문가. 눈물이 날 것 같은 내 마음을 읽었는지 걱정 말라고 든든한 목소리로 말해주셨다.

박 국장님과 패널 둘이 20분 정도를 토론 형식으로 진행하던 코너가 박 국장님과 패널 한 사람의 코너로 갑자기 바뀌었지만, 내공은 위기에 빛나는 법! 두 분은 최고의 합을 뽐내며 청취자들의 뜨거운 반응까지 이끌었다.

방송이 끝나고 제가 의전을 잘못해서 이런 일이 벌어졌다고 국장님께 이실직고했다. 국장님은 이렇게 말씀하셨다.

"괘념치 마세요."

크게 혼날 것을 예상했는데…. 지금 생각해도 참 마음이 따뜻해진다.

당시 1인 2역을 해주었던 그 패널은 방송 후 따뜻한 위로의 문자를 보내주셨다. 힘든 순간, 같은 편에 서주었던 기억은 참 오래가는 것 같다. 감사했어요. 정말로.

〈박경수의 아침저널〉에는 시사 전문 패널들만 찾아왔던 것은 아니다. 금요일에는 자유로운 토크쇼 형식으로 화제의 인물들을 한 명씩 초대했다. 때로는 베스트셀러 작가가 때로는 불화를 그리시는 분들이, 때로는 음악인이 찾아왔다.

'금요초대석'이라는 코너에서 인생의 선물을 준 초대 손님이 있다. 바로 대한민국을 대표하는 거장 만화가 박재동님이다. 거장이 직접 새벽에 몸소 찾아와 주시는 것만 해도 감사한데, 인간적인 향기와 온기가 가득한 말씀으로 방송을 채워주시는 것은 물론, 잊지 못할 생애 최고의 선물을 선사해주셨다.

박재동 화백님은 방송을 마치고 스텝 모두 한 명씩 한 명씩 얼굴을 직접 그려주셨다. 아 이런 영광이 또 있으랴! 화백님 손끝에서 태어나는 얼굴은 또다른 나 자신, 그것도 내가 바라는 가장 나다운 자신과 만나게 해주었다. 내가 가장 행복했던 때, 가장 나답다고 느꼈던 시절의 얼굴과 만나게 해주셨다. 거장의 그 깊디깊은 재능과 훈훈한 마음을 어찌 헤아릴 수 있으랴.

나는 어머니의 얼굴을 부탁했는데, 나의 얼굴을 보며 상상해 색동저고리를 입고 단발머리를 한 어머니를 그려주셨다. 온몸이 얼어붙는 것 같았다. 어린 시절, 고향인 경기도 안양에서 오순도순 가족들과 살던 그때, 한껏 귀여움 받고 사랑받으며 세상 걱정 없던 그 순진무구했던 어머니가 다시 살아 숨 쉬고 있었다. 내가 흑백사진에서 오래 눈길이 머물렀던 그 얼굴이 그대로.

당장 그림을 들고 어머니에게 달려갔다. 어머니는 그림을 받아들고 너무 놀라셨다. 먼저 거장이 선뜻 그려주셨다는 것에, 그리고 가장 행복했던 시절의 당신이 종이 한 장에 새겨져 있어서.

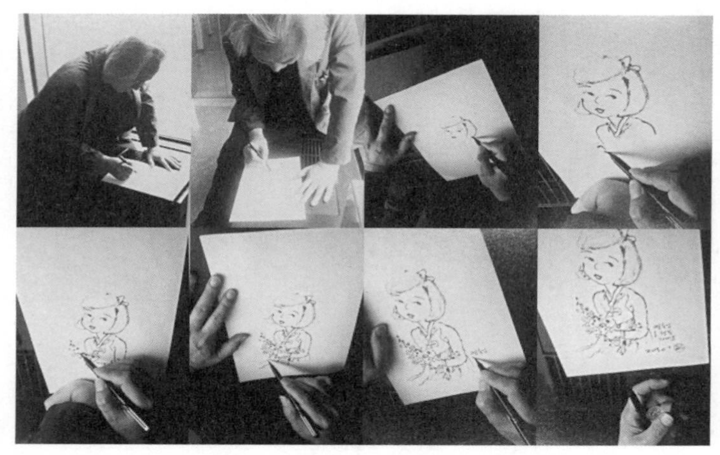

박재동 화백님이 그려준 그림을 어머니는 늘 가지고 다니는 지갑에 보기 좋게 넣고 다니셨다. 그러다 코로나로 외출이 줄면서 지갑을 갖고 다닐 일이 적어지자 어머니는 냉장고에 가장 보기 좋은 곳에 붙여 두셨다. 이사 때도 가장 소중히 옮긴 물건 중의 하나였음은 물론이다. 어머니는 하루에도 몇 번씩 인생의 보물인 그 그림과 마주하면서 아련한 추억과 만나고 시간여행을 떠난다. 거장의 그림 한 장은 내 인생에서 가장 소중한 이에게

박재동 화백 그림

인생의 천금 같았던 시간을 되돌려 주었다. 그 감사함을 어찌 말로 다할 수 있을까.

때로는 은인도 있었다. 현충일, 출연하기로 한 정치 분야 패널에게서 갑자기 전화가 왔다. "교통사고가 났어요. 현충일 연휴라 도로에 차는 많고 수습이 안 돼요. 오늘 제때에 도착 못할 것 같아요."

'아, 어쩌나. 대체 무슨 수로 시간을 메우나.'

앞을 보니 듬직한 한 분이 떡 벌어진 어깨로 서 계셨다. 이 분은 누군고 하니, 현충일을 맞아 특별히 방송에 출연할 예정이셨던 유해발굴단 단장님(전국을 찾아다니며 한국 전쟁 중 전사하신 국군장병들의 무연고 유골들을 발굴하시는 분). 방송을 미리 보고 싶다며 한 시간 가까이 일찍 와서 보고 계셨다. 나는 속으로 외쳤다! '바로 이 분이다.'

사정을 설명드리고 예정 시간보다 앞서 좀더 긴 시간 방송을 해주실 수 없는지 부탁드렸다. 대한민국의 최고 멋진 군인답게 호탕하고 흔쾌히 응해주셨고, 후딱 추가 질문지를 써서 전해드렸다.

드디어 단장님이 라디오 스튜디오로 입장하고! 30년 가까이 전국의 산과 들을 누비며 유해를 발굴해온 역정은 흥미진

진하기만 했다. 마치 일부러 현충일을 맞아 준비한 정성스러운 특집방송 같았고, 청취자들의 문자도 쇄도했다.

무사히 방송을 마치고 단장님께 고개 숙여 감사의 인사를 드리니 단장님은 이렇게 말씀하셨다.

"사실 유해를 발굴하면서 갑자기 태풍도 만나고 길을 잃기도 해요. 그럴 때 기적처럼 태풍을 피할 안식처를 만나기도 하고, 신기하게 헤매던 길에서 빠져나오기도 해요. 어떤 순간에는 누군가 부르는 것 같아 따라가 보면 그 자리에 유해가 묻혀 있어요. 기적처럼요. 저는 한국전쟁에서 전사하신 분들이 자신들의 유해를 거두어주는 우리들에게 고마워하며, 도와주고 있다는 것을 '실제로' 느껴요. 오늘도 아마 그분들이 저를 소개해주는 작가님을 고마워하며 도와준 것 아닐까요?"

눈에 보이는 분들, 보이지 않는 분들까지 함께 팔을 걷고 힘을 주셨던 〈박경수의 아침저널〉이다.

김세희/ 방송작가, 고려대 국어교육과 졸업
휴먼다큐멘터리 〈희망〉으로 문화체육관광부장관상 수상
『오늘 하루도 선물입니다』 번역

시사와 문화의 콜라보레이션, 〈박경수의 아침저널〉이니까!

_이정수 전 서울도서관장

2020년 연말의 어느 날로 기억된다. 대외협력 담당 직원이 BBS불교방송에서 관장 출연 의뢰가 왔다는 것이다. 〈박경수의 아침저널〉 프로그램에서 매월 읽을 만한 책을 소개하라는 것이었다. 시사 프로그램에서 책에 대한 이야기를 한다니, 이 조합은 무척 낯설기만 하였다. "어떡하지?" 직원은 1초도 망설이지 않고 답했다. "해보시죠, 뭐. 책을 알릴 수 있는 좋은 기회인데 하지 않을 이유가 없습니다." 그렇게 해서 〈박경수의 아침저널〉과의 인연이 시작되었다.

〈박경수의 아침저널〉은 매주 목요일 2부에서 "문화로 지성의 세계에 한 걸음 더 다가갑니다."라는 멘트와 함께 '컬처파크'라는 코너를 선보였다. 클래식 음악, 건축, 국악 등과 함께 매달 첫 번째 목요일에는 책을 소개하였다. 1부는 시사가 중심 화제이지만 목요일 2부는 다양한 문화를 다루어 프로그램의 지평이 넓게 느껴졌다. 출연진 모두 해당 분야의 전문가로 쉽고 재미있게 이야기를 들려주어 그 시간이 기다려지기도 했다.

코로나19 탓에 방송을 전화로 연결해 진행한 탓에 박경수 앵커를 직접 만난 것은 몇 달 뒤 마련된 오찬 자리에서였다. 그는 '컬처파크' 코너를 기획한 것도, 출연진을 섭외한 것도 모두 박경수 앵커 본인이라는 사실을 들려주었다. "오직 한없이 갖고 싶은 것은 높은 문화의 힘"이라던 백범 김구 선생이 꿈꾼 문화강국의 힘을 믿으며 '컬처파크' 코너에 대한 애정과 자부심을 드러내었다. 그런 그에게 깊이 공감하며 나 역시 더 좋은 책을 소개하여 그가 진행하는 프로그램에 기여하고 싶은 욕심을 내게 되었다.

방송은 2022년 5월까지 진행되었다. 책은 시사프로그램 성격과 어울리는 시의적절한 도서로 애청자들과 함께 읽고 생각해볼 만한 내용이 담긴 책을 편향되지 않게 선정하였다. 김수영 시인의 탄생 100년을 기념하여 『낡아도 좋은 것은 사랑뿐이냐』(김현경 지음, 푸른사상, 2020), 대형 참사와 같은 문제가 발생하였을 때는 『300:29:1 하인리히 법칙』(김민주 지음, 미래의창, 2014), 우리 사회의 다양한 모습을 돌아볼 수 있는 『눈 떠보니 선진국』(박태웅

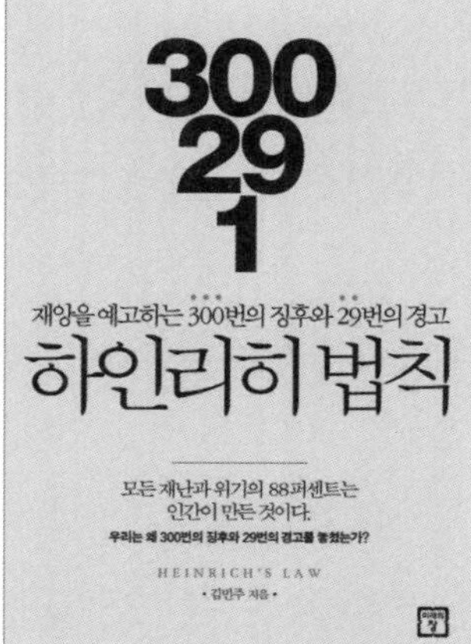

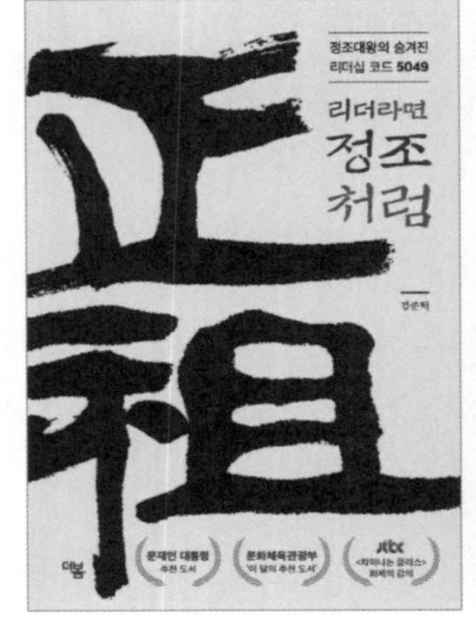

지음, 한빛비즈, 2021), 『팩트풀니스』(한스 로슬링·올라 로슬링·안나 로슬링 뢴룬드 지음, 이창신 옮김, 김영사, 2019), 『생각하지 않는 사람들』(니콜라스 카 지음, 최지향 옮김, 청림출판, 2020), 『리더라면 정조처럼』(김준혁 지음, 더봄, 2020)을 소개했고, 기후위기의 경각심을 일깨운 『파란하늘 빨간지구』(조천호 지음, 동아시아, 2019), 어린이날을 기념하여 『어린이라는 세계』(김소영 지음, 사계절, 2020)도 선정하였다. 또 도서관장이라는 사심을 약간 섞어 도서관과 관련된 책 『모든 것은 도서관에서 시작되었다』(윤송현 지음, ㈜학교도서관저널, 2022), 『이런 사람 있었네』(이용남 지음, 한국도서관협회, 2013)도 소개하였다. 내가 선정한 책마다 앵커가 공감과 지

지를 보내주어 책 고르는 어려움을 감내할 수 있었다.

돌아보니, 즐거운 추억이었다. 시사와 문화의 콜라보네이션으로 탄생한 고품격의 〈박경수의 아침저널〉, 애청자들은 얼마 즐거웠을까!

이정수/ 책 전문가, 전 한국경제신문 기자
전 서울도서관장, 현 동국대 전담교수 겸 명지대 겸임교수

부드러운 소통의 조정력 '박경수 리더십'이 필요한 때

_김홍국 전 경기도 대변인

한 사회는 늘 좋은 지도자를 갈망한다. 불안하고 혼란된 사회에서 지도자의 리더십과 그가 사회와 구성원을 이끄는 열정과 역할이 대단히 크기 때문이다. 내가 대통령학을 전공하며 정치지도자의 리더십에 관심을 가진 이유이기도 하다. 예로부터 지도자는 위기마다 용기와 결단력을 발휘하는 것이 필수라 카리스마가 넘치는 존재였다. 그러나 현대에는 이같은 전통적인 카리스마 외에 의사소통, 권한 위임 등 다양한 리더십 요소가 요구된다. 국내에서는 백범 김구 선생, 김대중·노무현 전 대통령, 해외에서는 넬슨 만델라 전 남아공 대통령, 미국의 에이브러햄 링컨과 프랭클린 루스벨트 대통령 등과 같은 지도자들이 주목받는 것도 시대가 요구하는 새로운 리더십을 보여주었기 때문이다.

나는 오랫동안 정치평론가로 활동하며 TV와 라디오의 시사 프로그램에 5천 회 이상 출연했다. KBS, MBC, BBS 등 지상파 방송국과 YTN 등의 보도채널, JTBC 등 종합편성채널 시사 프로그램의 문지방이 닳도록 드나들었다. 그런데 BBS불교방송에 가는 날은 여느 때와는 다른 각별한 기분이었다. 박경수 앵커가 진행하는 〈박경수의 아침저널〉에 출연하기 때문인데 그는 국회와 청와대 출입기자 시절에 자주 만나 소통하는 친근한 대화 상대였다. 방송 진행자로서도 탁월한 진행역량을 발휘해 늘 배울 점이 많다고 생각해왔다. 철학과 이념이 다른 정치평론가들의 불꽃 튀는 말다툼과 주장을 부드럽게 중재하며 그날 어젠다agenda의 핵심을 조화롭게 정리하는 최고의 지휘자이자 선장으로의 역할을 했다. 그의 진행에 이끌려 언제 끝났는지도 모르게 방송을 마칠 때마다 참 대단한 내공이고 조정력이라는 생각을 하곤 했다. 대학 후배여서 친근감이 있기도 했지만 수많은 난제를 논리적으로 척척 해결해나가는 그의 모습은 참으로 감탄스러운 데가 있었다.

불교방송에서 기자 생활을 시작해 법조팀장, 사회부장, 정치부장, 경제산업부장, 보도제작부장, 보도국장을 역임했고, BBS 간판 시사프로그램 〈박경수의 아침저널〉을 진행하는 등 방송기자로서 탁월한 경륜을 지닌 언론인인 그는 연세대 사학과 출신으로 한양대 언론정보대학원에서 언론학 석사학위를 받는 등 학구열도 이론과 실전경험을 겸비했다는 점에서 주변의 신뢰와 사랑을 받는 지도자로 주목받아왔다. 여기에 학교

법인 현송학원에서 행정을 총괄하는 총무본부장 역할까지 경험하면서, 우리 사회를 이끄는 지도자로 성장하고 있다.

그는 어느 곳에서나 편안하고 부드러운 표정과 태도를 잃지 않는다. 따뜻한 정과 배려가 가득하면서도 원칙과 진실의 가치를 지키는 '부드럽지만 강한 리더'다. 그가 그동안 부드러운 소통의 리더십으로 수많은 난제를 해결해온 것을 생각하면 앞으로 그의 행보에 기대를 걸지 않을 수 없다. 내가 좋아하고 사랑하는 '진실한 남자' 박경수가 우리 사회에 기여할 기회가 많아진 것 같아 기쁘다. 그가 위기에 놓인 이 시대에 신선하고 청량한 바람을 일으키며, 민주주의와 평화 가득한 대한민국을 만드는 데 큰 역할을 해주길 바란다.

김홍국/ 정치평론가, 국제정치학 박사
전직 언론인, 전 경기도 대변인

아침저녁, 박경수입니다

2023년 12월 2일 초판 1쇄 발행

지은이 박경수

펴낸곳 읽고쓰기연구소
발행인 이하영
도서문의 02-6378-0020
팩스 02-6378-0011
출판등록 제2021-0000169호
주소 서울시 마포구 동교로 136 서강빌딩 202호
이메일 editor93@naver.com writerlee75@gmail.com
블로그 blog.naver.com/editor93

© 박경수, 2023

ISBN 979-11-00000-6-9 03300

• 값은 뒤표지에 있습니다.
• 이 책은 저작권법에 따라 한국 내에서 보호를 받는 저작물이므로 무단 전재 및 복제를 금합니다.
• 잘못된 책은 구입하신 곳에서 바꾸어 드립니다.